# 50歳からの幸せな独立戦略

## 会社で30年培った経験値を「働きがい」と「稼ぎ」に変える!

Takao Maekawa
前川　孝雄

PHP
Business Shinsho



PHPビジネス新書

未来が其の胸中に在る者、之を青年と云ふ

植木枝盛

# 序章

# コロナショックの今、なぜ独立準備を始めるべきなのか？

定年まで耐えるか、早期退職するか。そもそも自分の人生は幸せなんだろうか――。

あなたは自分と家族の将来を考え、不安や悩みを抱きながら、この本を手にしたのではないでしょうか。

懸命に働いてきた30年に自負を持ちつつも、社内の出世レースの勝敗も見え、優秀な後輩たちの活躍を見ると、自分の力の限界を感じることもしばしば。

それでも、このまま第一線を離れて下っていくだけの職業人生を受け容れる気持ちには、どうしてもなれない。年齢的にやる気の波はあるとはいえ、気力体力ともにまだまだやれる――。そう思っている人も少なくないでしょう。

耳にたこができるほど聞かされ続けた「人生100年」というフレーズを自分にあては

めてみると、新卒から働きづめに働き続けてきた年数よりも多い年数がこの先にあるということ。それを「定年まで我慢」して余生とするには時間を持て余しすぎてしまうことは容易に想像もつくはずです。

昭和44年に放送開始した昭和ホームドラマアニメの代表作『サザエさん』のお父さんの磯野波平さんは、54歳の設定だそうです。当時、日本の会社の定年は55歳ですから、まさに定年直前の好々爺ですね。

でも時は流れて平成を越えて令和の現代。54歳といえば、有名人では俳優の本木雅弘さんや香川照之さんや鈴木保奈美さん、お笑い芸人の今田耕司さんなどです。どう見ても好々爺の世代でもリタイア目前でもなく、現役バリバリ、むしろ働き盛りではないでしょうか。ちなみにトム・クルーズさんは58歳だそうです。

実は、私自身も今年54歳になりました。「終わった人」なんて思われたくありませんし、まだまだこれからの人生、挑戦していきたいと考えています。何より、この本のテーマである「独立」を企業から飛び出して実践している一人でもあります。

## ●コロナショックの今こそ、「独立」を念頭に置いて行動すべき

会社勤めの出世競争だけが人生じゃない。よし、第二の職業人生に向けて、もうひと勝負してみたい。家族を路頭に迷わせるわけにはいかないけれども、勇気を出して会社を飛び出す未来にもチャレンジしてみたい――。

あなたがそんな思いを巡らせていたであろう２０２０年。私たちはこれまでの人生で経験したことのなかったコロナショックという災厄に直面しました。

私が経営する会社ＦｅｅｌＷｏｒｋｓも、研修・コンサルティングやセミナーを事業の柱としていたため、大きな打撃を受けています。今後どれだけ感染が拡大し、いつ収束するのかといったことは、専門外である私には何も言うことができません。

しかし、経済的な落ち込みに関しては、日常的な実感に加え、１００年前に大流行し世界で数千万人もの人々が亡くなったスペイン風邪、その後訪れた世界恐慌の歴史から学べば、当分の間続くことになるでしょう。

コロナショックは社会全体に大きな影響を与えましたが、特に中小企業や個人事業主は事業の存続に関わる大打撃を受けました。「このままでは店をたたまざるを得ない」という飲食店経営者の方々の嘆きを、私たちは何度もニュースで目にしてきました。私の知人にも、壊滅的な状況となり、廃業せざるを得なくなった経営者仲間がいます。

このようなムードの中では、「会社を辞めて独立する」という気運はややもすると沈滞してしまうかもしれません。

大企業でもレナウンのように経営破綻に追い込まれたケースはあるものの、大きな組織に属していれば、少なくとも個人でこの暴風雨にさらされるよりはリスクが少ないように思えるでしょう。「当分会社は辞めないでおいたほうが無難かもしれない……」というマインドが広がることも容易に想像ができます。

こうした風潮のさなか、「独立」をテーマとした本書を執筆するにあたり、私は考えました。このようなときに「独立」を論じることができるのだろうか。論じたところで、そのメッセージが皆さんに届くのだろうか、と。

結論を先に言いましょう。

このようなときであっても、いや、**社会全体が大きなリスクに直面しているこのようなときだからこそ、「独立」を念頭に置いて自分自身のキャリアを考え、行動することがより重要になる**──。私はそう考えます。

## ●いかに今後のキャリアに関して不安を抱いているミドルが多いか

理由をご説明しましょう。

2019年の暮れに出版した前著『50歳からの逆転キャリア戦略』(PHPビジネス新書)では、企業でキャリアの曲がり角を迎えているミドルの皆さんに向けて、人生100年時代を見据え、幸せな第二の職業人生を歩むために必要な働き方、辞め方について論じました。

私が営む会社は10年以上にわたり、大企業を中心に400社以上で「上司力研修」を開講し、ミドル世代の悩みを聞き続けてきたため、こうした本の必要性は確信していましたが、それでも私が想像していた以上の大きな反響がありました。

「読んでいると勇気が湧いてくる。50歳はまだまだこれからだ！　状況は厳しいけれど、しょげかえっていても仕方ない。もう一度力を振り絞って新しい人生に挑戦しよう」

「今の会社で定年まで働くことを疑わなかった。転職など他人事だったが、急に早期退職募集が来て慌てている。辞める前にいろいろ考えるべきだと気づかされた」

「**50歳を前にして誰もが考える『あと20年、どうやって働けばいいんだ』という疑問。**読後感がいい。もやもやとした気持ちに一筋の光が差し込む。『お、意外と面白いことができそうじゃないか』という気になってくる」

これらは読者から届いた声のほんの一部ですが、いかに今後のキャリアに不安を抱いているミドルが多いかを痛感します。「50歳からのキャリア」に関する当社のセミナーにも多くの方にご参加いただき、悩み、苦しみ、新たな希望を求める生の声も数多く耳にしました。キャリアシフトの考え方を説いた前著の続編として、実践編を書かなくてはいけない――それが本書の執筆動機です。

## ●今後20年続く「第二の職業人生」を充実させるために、今何をするか

これは前著で詳しく論じたことなので詳細は省きますが、社会全体が大きなパラダイムシフトを迎えている中で、**「定年＝リタイア」という既成概念は崩れつつあります。**

定年自体も引き上げや廃止が進んでいますが、仮に定年まで勤め上げたとしても職業人生はそれで終わりではありません。今や人生１００年時代。60～65歳で定年を迎えたとしても、その後、10年、20年、人によってはさらに長く働き続けることが、もはや当たり前の世の中になろうとしています。

それは何も経済的な必要性からだけではありません。年齢に関係なく、人生を豊かにするのは「仕事」です。「働きがい」があるからこそ、人は充実した人生を送ることができ

る。定年を境にリタイアして悠々自適な生活を送ることを夢見ている人もいるかもしれませんが、定年後の20年、30年は余生としては長すぎます。

苦しいサラリーマン生活から解放されても、その解放感を楽しめるのは束の間のこと。多くの人が時間を持て余し、張り合いがない日々に悩み、再び働くことを求めるのです。

今回私が皆さんにお伝えしたい「独立論」は、このように今後20年、30年という長いスパンを見据えた提言です。しかも、今すぐの独立をすすめているわけではありません。**今50歳のミドルが定年する60歳になる際、嘱託社員としての雇用延長を選ばずに、自信を持って独立する「10年計画でのキャリア戦略」**でよいのです。第二の職業人生をどう生きるかを考えるときに、一時的な社会のムードに左右されるのは賢明ではありません。

長年頑張って働いてきたあなたは、今までも、バブルの崩壊、阪神・淡路大震災、リーマンショック、東日本大震災といった社会的・経済的な苦難を乗り越えてきましたよね。想定外の経済的な落ち込みに遭遇しても、そのつど盛り返してきたはずです。もちろんコロナショックによる苦難も永遠に続くわけではありません。

繰り返しますが、本書で私が皆さんに伝えたいのは、今後20年、30年と続く第二の職業人生をいかに設計し、そのために今何をするかということです。向こう1、2年単位でどのように行動するのが得か損かという話ではないのです。

## ●会社にしがみつくこと自体がリスクになる時代に

確かに、一時的には企業の傘の下にいたほうが逆風は凌《しの》ぎやすいかもしれません。

しかし、コロナショックによって直接的なダメージを受けた企業は、すでにリストラを始めています。東京商工リサーチによると、2020年1月から9月15日までに「早期・希望退職者募集」を実施した上場企業は60社です。6月までで2019年通年の35社を超えていました。

ちなみに、昨年の2019年通期でもすでに前年比3倍増していましたので、そのトレンドからさらに約2倍ですから、2年前と比べると6倍のハイペースとなっており、いかに急増しているかがわかります。

またコロナショックの影響のなかった2019年では、業績不振以外の理由で実施した企業が34・3％でしたから、今後も落ち着いた段階で大企業の中にも大規模なリストラを進めるところが増えてくるでしょう。

**「やっぱり企業にいたほうが安心」。これはもはや幻想に過ぎません。**すでに多くの人が頭では理解しているように、終身雇用・年功序列を前提とした日本型雇用は崩壊しつつあります。会社はいつまでもあなたを守ってはくれないのです。

このように考えれば、ミドルが直面しているリスクはコロナショックだけではないことはもうおわかりのはずです。今もなお社内のキャリアにこだわり、会社にしがみつくこと自体がリスクなのです。

もちろん無防備のまま会社を辞めることはおすすめしませんし、相応の準備は会社にいながら進めたほうがよいでしょう。それが本書のテーマです。あなたも、会社にぶら下がる行為の先に幸せな未来が描きにくいことはわかっているはずです。

## ●高年齢者雇用安定法改正の見逃せない重要ポイント

コロナ騒動の中で、「ルールが変わった」ことを示すニュースがひっそりと報道されました。

2020年3月31日、高年齢者雇用安定法等の改正案が国会を通過したのです。改正前の法律では、定年の65歳への引き上げ、定年の廃止、65歳までの継続雇用制度の導入のいずれかの措置を取ることが企業に義務付けられていましたが、改正後は定年引き上げ努力義務の年齢が70歳になります。継続雇用制度についても「70歳まで」とされました。

この部分の改正は今までの延長線上にありますが、特筆すべきはこれら想定内の3つの選択肢のほかに、新たな2つの選択肢が加えられたことです。

ここは重要なポイントなので、厚生労働省の資料の文言を引用しましょう。

④高年齢者が希望するときは、70歳まで継続的に業務委託契約を締結する制度の導入

⑤高年齢者が希望するときは、70歳まで継続的に

a．事業主が自ら実施する社会貢献事業
b．事業主が委託、出資（資金提供）等する団体が行う社会貢献事業に従事できる制度の導入

④はつまり、今までの仕事を会社から独立して業務委託で受けるということですね。これは今までの日本企業ではあまり行われてこなかった取り組みです。従来の雇用の枠組みの中での処遇とは異なる、より踏み込んだ方針が政府によって示されたわけです。シニア社員の処遇に悩んでいる企業にとっては、この新たな選択肢はまさに渡りに船とも言えるものかもしれません。

要するに、**この法改正は、国がシニア社員に向けて「辞めて独立する」という選択をすすめる意思表示をしたと捉えることができる**のです。この法律は令和3年4月1日に施行される決定事項です。

## ●「ひとり会社」を作って「ローリスク独立」をすすめる理由

長年、終身雇用・年功序列というルールの中で生きてきて、まだその意識から抜け出せていないミドルの中には、「そうやって自分たちを切り捨てるのか」「なんてひどい話だ」と憤《いきどお》る人も多いかもしれません。確かに、経営の効率化のためにリストラを進めたい企業にとって都合が良いように思えるこの新たな選択肢には、大きな反発もあるでしょう。

しかし、時代の変化に伴ってルールが変わることは致し方ないことです。昭和・平成のルールのままでは企業が生き残っていけないことも事実。であれば、ルールが変わったことをただ嘆いているより、新しいルールの下でどう生きるかを考えるほうがはるかに生産的です。

そしてそのように前向きに考えたとき、企業ミドルの新しい選択肢として浮上してくるのが「独立」なのです。

ただし、独立したら、コロナショックのような逆風に個人で立ち向かわなくてはいけません。大きな投資をして立ち上げた事業がものの数カ月で破綻してしまうリスクを想定したら、二の足を踏んでしまう人もいるでしょう。

当然、コロナショックや金融危機などの外的なリスクは個人ではコントロールしようがありません。しかし、個人で被るリスクをできるだけ低く抑えることはできます。

そう、私が皆さんに提案したいのは、**人生を懸けた無謀な冒険ではなく、仮に失敗したとしてもダメージを最小限に抑え、やり直すこともできる「ローリスク独立」**です。それは、ずばり**「ひとり会社」**の設立です。**ひとり会社とはいえ、社長になることをあなたに提案します**。

そもそも独立自体が、企業ミドルにとっては長期的にリスクを低減するための有力な方法です。前述のように、日本型雇用のルールが崩壊した今、1社に依存してキャリアを考えることそのものが大きなリスクなのです。

株式投資の世界で1社に全財産を投資することが危険なのと同じです。それなら分散投資をすればいい。そもそもこの不安定な時代に、**相応のキャリアを積み上げてきた自分の生殺与奪の権限を1社だけに渡しておくことは、本当にあなたのためでしょうか。**

働き方改革で副業解禁の流れが出てきていますが、現実的には他社の仕事を容認している企業は少なく、社内の他部署兼務にとどまっています。

しかし、独立すれば、顧客は自分で開拓し拡大することができます。収入源の数を増やしておくことは、変化の激しいこれからの時代のリスクマネジメントには非常に重要なこと。これは独立の大きなメリットの一つです。

## ●経験値豊富なミドルにはミドルならではの、堅実な独立スタイルがある

とはいえ、「自分には独立して通用するほどの実績もスキルもない……」と尻込みする人もいるでしょう。今まで大きな組織に守られて生きてきたこと、そして、ここ最近は特に、50代のミドルが「ＩＴに弱い」「仕事をしない」といったネガティブな評価をされがちなことなどを考えれば、それも無理のない話かもしれません。

確かに、ネガティブな側面ばかりを取り上げればキリがありません。豊富な実績があり、市場価値の高い人材なら、リストラ対象とされる確率も低いでしょうし、リファラル転職やエグゼクティブサーチ（１０２ページ参照）で声がかかる可能性も高いでしょう。

そうではないから、多くのミドルは不安を感じているのです。

しかし、**企業で20年、30年とキャリアを重ねてきたミドルに「何もない」ということはあり得ません。蓄えられた知恵、磨かれてきたスキルが何かしら必ずある**はずです。

要は、その知恵やスキルが市場のニーズに対応するかたちで顕在化されていない、時代に合わせたブラッシュアップがされていないということなのです。であれば、皆さんがすでに持っている価値を浮き彫りにするための努力をすればいい。では、何をすればいいのか。それも本書が提言する重要なテーマの一つです。

また、独立は決して特別な人にしかできない特殊な選択肢ではありません。確かに革新的なビジネスモデルを掲げて起業し、斬新な戦略を策定し、投融資を募《つの》って社員を高給で雇い、時代の波に乗って急成長するスタートアップ企業の経営者は、ある意味で「選ばれし者」と言えるでしょう。無謀に思える行動や突き抜けた才覚や才能があってこそのこのような成功は、誰もが手にできるものではありません。

しかし、独立の形は多様です。**家族との時間を大切にしながら、一人でコツコツと営む**

**ことができる事業はいくらでもあります。**前述の「今の仕事を、長年勤めてきた会社から業務委託で受ける」ことだって独立の一種です。

そもそもスタートアップ企業を起こすことはハイリスクハイリターンです。堅実にキャリアを積み上げてきたあなたの人生と財産を、そんな危ない勝負に懸けることを私はおすすめしません。

もちろん一般論としてはそうした気概あるミドルが出てくることは期待したいですし、そうした挑戦が増えなければ産業の新陳代謝も生まれないでしょう。だからといって、あなたをはじめ、これから独立しようとするミドルすべてにそれを求めることはあまりにも乱暴なことです。

経験値豊富なミドルにはミドルならではの、もっと堅実な独立スタイルがあるのです。それは、**今までの会社員としてのキャリアの延長線上にあるため、リスクを極限まで抑えられる「ひとり会社」の設立**なのです。そう考えれば誰にでもチャンスはあるのです。

## ●やる仕事は同じ。給料（対価）をくれる主体が変わるだけ

かれこれ20年ほど前、私が前職でキャリア支援雑誌『仕事の教室』の編集長をしていたころ、竹中平蔵さんにインタビューをしたのですが、ご自身のキャリアを振り返ってこんな印象的な発言をされたことを覚えています。

「よくアメリカ人以上に職を変わっていると紹介されるんですが、私はずっと同じ仕事をやっているんです。ただその時々で給料をくれる主体が違うだけです」

これこそまさに、この本であなたに伝えたいキャリアのあり方です。**自身の経験値を活かして働きがいある仕事を求めることは変えず、でも対価をもらう相手（企業や個人）を変え増やしていく**ということ。

振り返れば、戦前はもちろん、戦後の日本経済も農家や商店などを営む自営業者によっ

て支えられてきました。今の大手メーカーも、はじめは個人経営の町工場だったりしたのです。企業が成長し、サラリーマンという働き方が主流になる前は、多くの普通の人が当たり前に個人で事業を立ち上げ、小さな会社で家族とともに働いてきたのです。皆さんにそれができないわけがありません。

## ●一番のハードルは、長年の会社員生活で染みついた「リスク回避思考」

では、なぜ今、多くのサラリーマンにとって独立が「高すぎるハードル」になってしまっているのでしょうか。これは外的要因や能力などの問題というよりはマインドの問題です。

大きな組織が大きな投資をするにあたっては、リスクを下げることがことさら重視されます。そのため組織自体が「リスク回避」志向になりがちです。何度も稟議を重ね、十分な根回しをしてからでなければ新しい企画や意見は通らない。それでも、もし失敗すればその責任を負わされた社員は出世コースから外れてしまう。誰もが「失敗だけはしたくない」と考えるようになってしまいます。

このようなカルチャーで生きてきた社員には、「リスク回避思考」が身に染みついてしまっているのです。

しかし、独立に求められるのは、あれこれ考えすぎずに、とにかくまずやってみる「リスクテイク思考」です。何をどう頑張ったってリスクをゼロにすることなどできないのですから、思い切って行動するマインドがなければ、何も始めることはできません。


このマインドの転換も決してできないことではありません。今まで自分が何に縛られていたのかを分析し、自分を見つめ直し、人生のミッション（使命）・ビジョン（理想像）やそのために今やることなどを整理していくうちに、マインドはリセットされていきます。この点については本書の後半でじっくりとお伝えしましょう。

さらには、本書の中で詳しく説明していきますが、様々な環境が整ってきているため、リスクを極力抑えながら社長になることはそう難しくもなくなってきています。

## ●ストレスから解放され、「幸せな独立」を目指そう

独立すると、あなたはストレスから解放されます。今までは会社や上司の指示・命令に

従って働いてきたはず。働き方も、働く場所も、さらには仕事の内容さえ、自分で決めることはできませんでした。ソリの合わない上司の下で苦労してきた人も多いでしょう。

今、さかんに働き方改革が叫ばれていますが、サラリーマンが感じるストレスの根本要因は労働時間や労働環境ではありません。

人は自分がやりたいと思い、自分が決めたことなら、多少忙しくても、負荷が大きくても前向きに乗り切ることができます。自己裁量で進められれば、なおさらです。

しかし、他人から強いられた長時間労働や負荷の大きい業務は苦痛でしかありません。自分の仕事、生活、さらには人生について自分で決めることができない状況が多大なストレスを生み出し、これまで多くのサラリーマンの心身の健康を害してきたのです。

そもそも幸せなキャリアとは何でしょうか。私は**自分の人生を生きる**ことだと考えます。**独立して会社を設立すれば、そのときからあなたは「自分の会社と自分のキャリアのオーナー」**です。そこにうるさいことを言う上司はもういません。仕事も人生もすべて自分で決めることができます。自分が本当にやりたい仕事を選ぶことができますし、どうしても合わない顧客と無理に付き合う必要もありません。何より、自分が選んだ顧客に貢献し、喜んでもらえたならば、この上ない働きがいを感じられます。

独立・開業の支援メディアを運営する『アントレ』が、脱サラして独立開業した人を対象に行ったアンケートでは、「仕事が楽しい！」と回答した人が80％に上り、**「会社員に戻りたい」と回答した人はわずか7％**に過ぎませんでした。私の実感もまったく同じです。

すべての人が独立後、順風満帆というわけではないでしょうし、独立したからこその苦労もしているはずです。それでも、独立後の仕事や生活には、サラリーマン時代には得られなかった喜びや自由がある。本当の意味で幸せを手に入れることができるのです。

さあ、不透明な未来に悲観している時間はもう終わりです。早速、一歩を踏み出してみましょう。ナビゲーター役は私にお任せください。

※本書の中で紹介する事例は、プライバシーに配慮し、設定に一部変更を加えています。

50歳からの幸せな独立戦略　目次

# 序　章　コロナショックの今、なぜ独立準備を始めるべきなのか？

# 第1章 独立なんて自分には無理!?

## ——人生の可能性を閉ざす「6つの思い込み」とは?

# 第2章 職業人生後半戦の選択肢、どれがベスト？
## ――最もおすすめな「FA独立」とは何か？

## 第3章 あなたが目指すのは、どの独立スタイル？
### ――FA独立の7つのパターン

# 第4章　「自分の専門性」を「稼ぎのタネ」に変える！
## ――自分マーケティングと自分磨きの勘所

# 第5章 営業せずとも仕事が舞い込む「認知度」アップ大作戦
## ――「先生」と呼ばれる存在になれる4つの方法

# 第6章 実践！ 会社にいる今から始めるFA独立準備
## ——自分に問う10の質問

# 第1章

# 独立なんて自分には無理!?

## ——人生の可能性を閉ざす「6つの思い込み」とは?

サラリーマン生活のストレスに嫌気が差し、独立に魅力を感じた経験がある人はきっと多いはずです。「合わない上司のもとから解放されたい」「いつかは一国一城の主になりたい」「誰にも指図されず、自分のやりたいように仕事をしたい」という思い自体は、決して珍しいものではありません。

しかし、実際に独立を決断し、行動を起こす人は少ない。「自分にはどうせ無理だ」と深く検討もせずにあきらめてしまう人が多いのです。

なぜ無理だと考えてしまうのでしょうか。

そこには、長年企業で働く中で染みついたサラリーマンに特有の思考が大きく関係しています。長年の思考習慣に基づいた**「思い込み」によって、自分の可能性を閉ざし、勝手に独立を難しいことにしてしまっている**のです。

まずはこの「思い込み」を取り除かないことには、最初の一歩を踏み出すことはできません。そこで、第1章では、典型的な「思い込み」の例を6つ取り上げ、皆さんの中にある誤解を解いていくことにしましょう。

# 【思い込み①】自分には独立してやっていける能力がない
## ――自己評価が不当に低いタイプ

### ●「会社内での評価＝自分の本当の実力」とは限らない

今は企業のミドルにとっては不遇の時代です。

もはや会社は終身雇用を保証してはくれず、出世コースから外れてしまい給与も下がり、いつ早期退職勧奨をされるかとビクビクしながら過ごしている人もいるでしょう。会社から露骨にお荷物扱いされている人、年下上司の下でストレスを溜め込んでいる人も少なくありません。

このような状況に追い込まれると、瞬間的に「いっそのこと独立でもしてしまおうか」

という思いに駆られることはきっと誰にもあるはずです。

その一方で、企業にいるからこその強いブレーキもかかります。

「そもそも会社内での評価もさほど高くなく、出世レースに残ってもいないような自分が、独立したってうまくいくわけがない」

そんな思いに囚われてしまうのです。

もちろん、コアとなる仕事のスキルが低く、そのせいで社内の評価が低いのなら、独立して成功する確率も低いと言えるかもしれません。

しかし、企業における**人事評価というものは、必ずしもその人のコアとなる能力・スキルに対する評価をそのまま反映しているとは限りません。**むしろそれ以外の要素が大きく関係してくるものです。

例えば、ジョブローテーションで自分が本来得意とする仕事に就けていないケースもあるでしょうし、プレイヤーとして優秀ながらマネジメントは苦手な人がチームとして結果を出せなければ、それで評価が下がってしまうこともあります。上司との関係がうまくいっていなければ、それがマイナス評価になることもあるでしょう。

そもそも、どれだけ人事評価制度・昇格制度が洗練されたとて、**課長クラスまでは実力で昇進できても、それ以上の幹部層になっていくには、相性の良い上層部の引き上げがなければ難しい**のが現実。スタンフォード大学のビジネススクールで組織行動学の教鞭をとるジェフリー・フェファー教授は『「権力」を握る人の法則』（日本経済新聞出版）の中で、「個人の評価に影響するのは、仕事の成果よりも上司との関係性である」と述べています。

## ●会社からの評価を絶対的な自分の評価であるかのように勘違いしていないか

また、組織を取り巻く環境は変化し続けており、どれだけスキルがある人でも、そのスキルが求められる環境になければ出番は与えられません。例えば、調整力に長《た》けた人は平時には活躍できるでしょうが、コロナ禍のような非常事態が起これば突破力に長けた人のほうがリーダーに適しています。

ところが、会社の中で生きていると、このように自分を広い視野で客観視できず、会社から受ける評価を絶対的な自分の評価であるかのように受け止めてしまいがちです。

本来、反りが合わない上司からの評価が低かったとしても、それは「会社という場における一面的な評価」「この上司だからこその一面的な評価」「仕事上の話であり、自分の人格とは関係のないもの」と割り切ればいい話です。

しかし会社・上司からの評価が昇進に響き、同期や後輩に先を越されるような事態になると、次第に自分の本質的な能力・スキルが劣っているように感じられるようになり、人格すらも否定されたように錯覚し、自信も失われていきます。

## ●役員になれなかったことで、うつ状態になってしまったAさん

私も企業で働いていましたし、起業後は13年にわたり企業の管理職研修やミドル向け研修を手掛けてきたことから、このようなビジネスパーソンを数多く見てきました。**人間的**

**魅力にあふれ、素晴らしい能力も持っているにもかかわらず、人事評価や処遇で元気を失う人**を見るたび、本当にもったいないと思います。

中には、非常に優秀な管理職が、役員になれなかったことがきっかけとなり、うつ状態に陥ってしまったこともありました。仮にAさんとしておきましょう。

Aさんは、言ってみれば非常に才覚のある「尖《とが》った」タイプ。だからこそ、現場リーダーとしては大胆な発想や決断ができ、結果も出すことができました。

しかし、同調圧力の強い日本の企業では、このタイプの人は上に行けば行くほど敵を作ることも多くなり、評価されにくくなります。結果として、上や周囲とぶつかることも多いAさんのような尖ったタイプよりも、バランス感覚があり処世術にも長けた「丸い」タイプの人が出世する確率が高い。ドラマ『半沢直樹』があれほど高視聴率を稼いだのも、現実的には上司に倍返しし続けて出世できるわけがなく、そのぶんドラマでスカッとしたいミドルが多かったからですよね。

つまり、Aさんは決してコアとなる能力・スキルに対して低評価を下されたわけではなく、企業がその当時役員に対して求めるタイプとは違った、というだけなのです。

## ●会社内での出世にはマイナスだったことが、独立後には大きな強みに

すでに独立していた私はAさんから相談を受けたとき、迷うことなく独立をすすめました。Aさんは優秀で会社に依存せずとも食べていける能力を持っている、と感じたことはもちろんですが、何よりAさんのような尖ったタイプこそ独立向きだと考えたからです。

自信を失い、独立という選択肢もそれまで頭になかったAさんは、「そうか！」と目の色が変わり、さっそくアクションを起こしました。その結果、今は独立して敏腕コンサルタントとして生き生きと働いています。役員になれなかったことなど、独立後の仕事には何の関係もなかったのです。

組織では周囲に波風を立てないバランス感覚が求められるでしょうが、独立してひとり社長になったら埋もれてしまうかもしれません。むしろ組織で軋轢《あつれき》を生み評価されなかった尖った部分をどんどん発揮しなければ、独立して成功しない場合も多いのです。

新渡戸稲造は『世渡りの道』（文春学藝ライブラリー）の中で、こう述べています。

「己の拙《つたな》き所、足らぬことを知って、恥じかつ改めんとするは、長所であるが、ただそれが短所であると思うのみでは長所とならぬ。一歩進めてその拙き所、短き所を改めれば、始めて長所となるのである」

働く場が変われば短所に思っていたことも長所に変わるのです。またその逆もしかり。つまり長年働いて築いてきたスキルや能力に短所も長所もなく、自分の持ち味なのであって、それを活かせる場に身を置けばよいだけなのです。

Aさんのエピソードは決してレアケースではありません。**会社内で高い評価を得られなかった人が、社外に飛び出して成功するケースは少なくありません。**

サラリーマンとしての上司・会社の評価と、「独立してやっていけるかどうか」ということとは、関係がない場合も多いのです。

社内での評価があたかも自分の社会的価値かのように思い込むのは、もうやめにしましょう。自己尊厳と結びつけるのも間違いです。それこそサラリーマンの呪縛です。

では、自分の社会的な価値はどう測ればいいのか？　会社の外に出てみればいいのです。そのときにこそ、あなたは自分の本当の社会的な価値を知ることができます。

## 【思い込み②】「経営」は非常に難しいことだ

### ――「独立」と「起業」を混同しているケース

### ●ハードルを高く設定しすぎて、「自分にはまだ無理」と思ってしまう

これは「①自分には独立してやっていける能力がない」と一見似ています。しかし、①が自己評価を不当に下げてしまっているのに対し、②は経営というもののハードルを不当に高く設定してしまっているところがポイントです。

経営者になるというと、「斬新なビジネスアイデアを形にし、強いリーダーシップを発揮して右肩上がりの成長を実現する」という起業家の成功パターンをイメージするタイプですね。

このタイプの人は意識が高く、普段から成功した経営者の著書を熱心に読んでいたり、講演会に足繁く通っていたりすることも多いものです。仕入れた情報量は多いですから、経営に必要なものは何か、成功の秘訣は何かといったことには詳しくなります。

しかし、結局は著名な経営者の熱量や人格、センス、知的能力などに圧倒されてしまい、**「自分はとてもこの人のようにはなれない。まだまだ経営者の器ではないのだろう……」と落ち込んでしまう**というわけです。

それでも勉強熱心であるため学び続けるのですが、延々と勉強が続くだけでなかなか行動を起こさない。何しろ設定したハードルが高すぎるから、いつまで経っても自分が合格ラインに到達しないのです。

当然ですが、誰もが柳井正さんや孫正義さんになれるわけではありません。

また、近年はリーマンショック、東日本大震災、コロナ禍といった１００年に一度の災厄が5～10年ごとに起きる難しい経営環境の中で、会社を成長させ、社員を増やし、統率していくことに高いハードルを感じる人もいることでしょう。

## ●「独立」と「起業」は違う。ミドルが目指すべきは「独立」

こうした思い込みの問題点は、「独立」と「起業」を混同してしまっていることです。どちらも同じことではないかと思う人もいるでしょうし、実際、この2つの言葉は同じような意味で使われることも多いです。

そこで、本書で論を展開するうえで、私なりに言葉の整理をしておきます。

「独立」には、フリーランスや業務委託も含まれます。

例えば、今まで会社で担っていた仕事を、フリーランスとなり業務委託で請け負う場合も「独立」です。もちろん、資金を投入して会社組織を立ち上げる場合も「独立」にはなりますが、ハードルの高さは独立のスタイル次第。お金もかけず、人も雇わず、今までの経験やスキルをベースにして「独立」するのであれば、決してハードルもリスクも高くないはずです。つまり**「独立」という言葉が指し示す幅は非常に広い**と考えてください。

これに対して、本書で私が定義する（かつ一般的にもそのようなイメージを抱かれがちな）「起業」は事業を起こすことです。つまり、斬新なビジネスモデルや優れた戦略のもと、練り上げられた事業計画があり、人を雇い、右肩上がりの成長を目指すもの。この場合は、当然経営者としての才覚や手腕が問われますし、投資額が大きければ失敗したときのダメージも大きくなります。

起業の究極の形はスタートアップ起業と呼ばれるものでしょう。革新的なビジネスモデルを掲げて起業し、斬新な戦略を策定し、投融資を募って様々な専門性を持つプロフェッショナルを社員として高給で雇い、時代の波に乗って急成長して上場を目指すものです。

スタートアップ起業は、ハイリスクハイリターンの極みです。家や財産を失い家族を路頭に迷わせるリスクまでとって一攫千金を目指したいなら別ですが、たいていの企業ミドルは、家族を養うことができ、老後の不安をなくせる最低限の収入があり、自分を活かせる仕事ができるなら、それで十分幸せなはずです。だから、独立＝スタートアップ起業と考えるのは大きな勘違いなのです。

もちろん、高い目標を持って起業にチャレンジするという選択が悪いわけではありません。社会変革の志や野心のある人がチャレンジすることは好ましいことですし、停滞する日本経済の活性化のためにはそうしたミドル・シニア起業家も輩出されるべきでしょう。50代後半で部長クラスから役員になることなく左遷された日本生命を早期退職し、ライフネット生命を起業して成功させた出口治明さんのような起業スタイルですね。

しかし、そんなつもりが毛頭なかった人たちにまで、ハイリスクハイリターンな起業を求めるのは酷です。堅実にキャリアを積み上げてきたミドルには、ミドルならではのローリスクな独立スタイルがあるのです。高すぎるハードルに尻込みしていつまでも動くことができないくらいなら、より身近な低いハードルに目を向けることも必要なのです。

実は**皆さんの前には高いハードルも、中程度のハードルも、低いハードルも並んでいるのです。しかし、なぜか一番高いハードルばかりを見て足がすくんでいる。**これは非常にもったいない状況だと言えます。

## ●自宅開業なら、売上げが1000万円いかなくても十分やっていける

日本には、大企業と呼ばれる一部上場企業が2000社強あります。そのトップである経営者は約2000人しかいないわけです。

これに対して、中小企業は、諸説ありますが250万社から360万社あると言われています。つまり、**250万〜360万人の社長がいる**のです。

中小企業庁「中小企業・小規模事業者の数（2016年6月時点）の集計結果」によると、このうち84・9％が小規模事業者です。小規模事業者の定義は、商業・サービス業で従業員5人以下です。ひとり社長がまさに一人で、もしくは夫婦や家族で力を合わせて経営している組織が大半なのです。

このように個人事業主を含む中小企業経営者が圧倒的な多数派であるにもかかわらず、サラリーマンは経営というと大企業の経営を思い浮かべてしまう。しかし、街のクリーニング店も理髪店も、それぞれの事業スケールに応じて「経営」をしているのです。毎日コツコツ働き、目の前のお客様に真摯《しんし》に商品・サービスを提供し、自分と家族の生計を立てている経営者が圧倒的に多いのです。

特にスケールの大きな事業に関わってきた大企業サラリーマンほど自分の独立を考えるときには、なぜかそこに目が行かない。これは大企業病の一種と言えるでしょう。

大企業のミドルは**普段から数億円、数十億円といった予算額の大きな事業を動かしていることが多いため、「事業というものはそういう規模のものだ」という思い込みが強い**ことも多いものです。

しかし、前述の個人事業主たちは年間1000万円、業種によってはそれに満たない売上げで十分経営が成立しています。日常生活の中でいくらでも出会っているはずなのに、経営という観点で彼らを見ることができていないんですね。

その結果、いきなり「独立するとしたら、数億、数十億の売上げをどのように上げられるか……」と考え込んでしまい、「とても無理だ」という結論になってしまうのです。

こういう人たちには、**「自宅開業で一人でやっていくなら、売上げなんて1000万円いかなくても十分やっていけますよ」**と強くアドバイスをします。

## ●私自身も会社員時代は、「億単位の売上げが必要」と思い込んでいた

懺悔《ざんげ》しますが、私自身もサラリーマン時代はそう錯覚していました。

当時の私は、幹部管理職として年間5億円ほどの予算を動かしていました。そんなあるとき、独立した経営者と懇親する機会があり、お酒の勢いもあって、「御社の売上げは何億くらいですか？」と質問したのです。私としては、事業を営むということはそういうものだと思っていましたし、短期間に売上げが数億円に満たない事業はどんどん切り捨てられる会社で働いていましたから。

ところが、その質問に対して、相手の経営者は顔を曇らせてこう返されました。

「そうですか。やはり売上げ1億円は超えないと事業とは言えませんよね」

そのあと、なぜか気まずい雰囲気になってしまい、答えをもらえることなく、その場はお開きとなりました。

当時の私に他意はありませんでした。しかし、独立して13年目になる今は、相手の経営者（彼もひとり社長だったのですが）の気持ちが痛いほどわかります。彼は心の中でこう思ったはずです。

「（これだから大企業サラリーマンは困る。上から目線だし、そもそも自分でリスクを取ってビジネスしているわけでもないのに、数億円の事業規模がさも当然のように考えている。今期は厳しくて売上げが数百万円だったなんて実態を話したら呆《あき》れられるだろうし、哀れに思われるのも癪《しゃく》なので、これ以上関わるのはやめておこう)」

経営者稼業が長くなった今思えば、社会を知らなかった当時の自分はお恥ずかしい限りです。自分一人で体を張って経営しながら、ゼロから数百万円の売上げを創り出し、税金や社会保険料を納めて家族を養っている経営者に、とても失礼なことを言ってしまった。デリカシーのなさをお詫びしてもしきれないと反省しています。

## ●事業計画なんてなくてもいい。進むべき道はお客様が教えてくれる

話を戻しましょう。ミドルが考えるのは、「起業」ではなく、自分に合ったスケールの「独立」でいいのです。とにかく「経営」のハードルを無意味に高く設定することはやめてください。それだけで、楽に第一歩を踏み出せるようになるはずです。

また、完璧な事業計画にこだわることにも意味はありません。中長期の経営計画をベースとする大企業で生きてきた人ほど、起業となると「何より計画が大切だ」とばかりに事

業計画を練り上げることに時間と労力を割きすぎる傾向があります。しかし、実際のビジネスはいくら計画を立てたところでその通りにいくものではありません。

**極論を言えば、事業計画などなくてもいいのです。自分がやりたいこと、できることが明確になっていれば、スモールビジネスなのですから、まずは行動したほうが早い。**具体的に何をしたらいいいか、どのように事業を展開していけばいいかは、動き出してからお客様がヒントを与えてくれます。自分の軸をしっかりと持ち、それに合致する範囲でお客様のニーズに応えていく中で、自然と進むべき道は見えてきます。

かく言う私自身がそうでした。なまじビジネススクールを出ていたこともあり、独立当初は事業計画書を必死になって作成しましたが、実際に動き出してみれば、そんなものは何の役にも立ちませんでした。何一つ計画通りにはいかなかったからです。

それに気づいた時点で、**事業計画書はゴミ箱に捨て、私は、目の前のお客さんのニーズに応えることに集中すること**にしました。**その結果、当初自分自身では想定していなかった仕事にも数多く取り組めるように**なっていきました。

そんないい加減なことでいいのかと不安になる人もいるかもしれませんが、独立とはそういうものです。答えはデスクの上やパソコンの中にではなく、現場にあるのです。

## ●経営についていくら勉強しても、行動しなければ何も始まらない

企業経営者の中でカリスマとして仰がれている京セラ創業者の稲盛和夫さんは、自ら塾長を務めた経営者の勉強会「盛和塾」で、経営者の皆さんにこんな講話をされています。少し長いですが、含蓄のあるメッセージなのでご紹介します。

「実は私は、長期の経営計画を立てる必要はないと考えているのです。経営の世界では、経営戦略に基づいて五ヶ年計画だとか十ヶ年計画といった中長期の経営計画を立案することが必要不可欠だとされています。それでも長期計画を立てる必要はないと考えているのは、長期の経営計画を立案してみても、なかなか達成できるものではないからです。

長期にわたる経営計画を立てれば、その過程では必ず予測を超えた市場の変動や不測

の事態が発生し、計画自体が意味をなさないものになって、いずれ下方修正が必要になってしまったり、ついには計画を放棄せざるを得ないような事態が往々にして起こります。

反故《ほご》になるような計画であれば、むしろ立てないほうがよいのです。〈中略〉また、長期計画ではえてして、目標となる売上が達成できないにもかかわらず、経費目標や人員目標だけは計画通りに消化されます。そのために経費の増大を招き、経営を圧迫することにもなりかねません」（出典：『［盛和塾］２０１３年２月号　塾長講話１１３回』より）

東京オリンピックで盛り上がると思いきや、未曾有のコロナ禍と向きあい苦しんでいる私たちにはとても心に響くメッセージです。

経営の勉強は良いことですし、財務会計やマーケティングなどの知識は必要ですが、勉強するほど足がすくんでしまうのでは本末転倒。行動しなければ何も始まりません。

「想像力や知識は成果の限界を設定するのみで、成果をあげることとは関係がない」というドラッカーの言葉はまさに至言です。

## 【思い込み③】独立後、9割は10年以内に廃業すると聞いた

――独立のリスクを高く見積もりすぎているケース

### ●創業10年後に生存している確率はどのくらい？

「独立開業した人の9割は10年以内に廃業する」とよく言われます。10年という単位での成功率はわずか1割……こう聞くと、「そこまで成功率が低いのならやめておいたほうが無難だ」と考えてしまうのも無理のないことかもしれません。

では、この数字は正しいのでしょうか。

直近で関連する調査がないため、『中小企業白書2011』のデータを見てみると、1

980年から2009年に設立された企業の経過年数別の生存率の平均値は、10年で約7割とあります。前述の1割とは大きな開きがありますね。

ただし、この調査は帝国データバンクの企業データをもとにしているので、一定以上の規模の企業が対象。そのために生存率が高く出ているとも言えます。

そこで、さらに古くなるのですが、『中小企業白書2006』のデータを見てみることにしましょう。こちらは、個人事業所、法人それぞれの生存率が紹介されています。

こちらに掲載された経過年数ごとの生存率をもとに計算すると、個人事業所の生存率の平均は、1年目で62・3%、3年目で37・6%、5年目で25・6%、10年目で11・6%となっています。

一方、法人の生存率は1年目で79・6%、3年目で62・8%、5年目で52・7%、10年目で35・9%。

この個人事業所に注目すると、まさに「9割が10年で廃業する」ことを示す結果となっています。しかし、法人の生存率は35%以上と大きく緩和されますね。

## ●初期投資や固定費を抑えて、スモールビジネスで独立する

独立すること自体が無謀な挑戦なのでしょうか。私はそうは思いません。

例えば、②でもお話ししたように、ビジネスアイデアや新技術一つで新たなマーケットを開拓しようと打って出るスタートアップなどは、成功したときのリターンは大きいですが、そのぶんハイリスク。

マーケットにニーズがなかった、ニーズの掘り起こしに失敗した、すぐに後追いの他社にシェアを奪われてしまった、そもそもビジネスとして展開するノウハウがなかったなどの要因で廃業するケースが後を絶ちません。

もう一つ、初期投資が大きすぎることもリスクになります。

ゼロから立ち上げた事業がスタート当初から順風満帆にいくケースのほうが少ないですから、この苦しい時期をどう乗り切るかが事業継続のカギを握ります。しかし、手元の資金の多くをつぎ込んだ場合、あるいは多額の借り入れをして開業した場合、赤字が続くと

持ちこたえることができません。

同様に**固定費が大きいビジネスもリスクが高い**です。

例えば、飲食店経営を考えるとわかりやすいでしょう。最初から立地の良い場所に出店し、アルバイトを雇った場合、家賃や人件費などの固定費が大きな負担となります。材料にもこだわったりすると、仕入れ額も経営を圧迫します。

集客や売上が思うようにいかないとこれらを賄うことができません。そこへ今回のコロナショックのような事態に見舞われればひとたまりもありません。

また、前出のスタートアップの例と少し被りますが、ビジネス経験の浅い若手の独立はそもそもリスクが高いものです。営業や交渉などのビジネスの基本が身についていないため、本来成功する可能性が十分ある事業も失敗に終わってしまうことがよくあります。

その類似の例として、例えば、飲食業や接客業の経験がまったくない中高年サラリーマンが脱サラして長年の夢だったからと飲食店を開くようなケースもハイリスクです。

経験もノウハウもない分野に徒手空拳《としゅくうけん》で乗り込んでしまうと、ビジネス経験豊富なミドルとはいえ、よほどセンスと運がなければ成功することは難しいでしょう。

要は、これらのハイリスク起業を避ければいいのです。**初期投資や固定費を抑え、自分の経験やスキルが活かせる領域でスモールビジネスを展開するなら、リスクは大幅に抑えることができる**のです。

## ●独立はリスクではなく、むしろリスクヘッジである

もちろん独立する以上、リスクをゼロにすることはできません。

しかし、リスクを言い出せば**このまま会社にいることにも少なからずリスクはあります。大切な自分の人生の生殺与奪の権限を、今の会社1社のみに委《ゆだ》ねているわけですから。**繰り返しますが、もはや終身雇用は崩壊しつつありますし、コロナショックを受け、すでに起きている早期退職勧奨の波はさらに広がっていくでしょう。さらに言えば、大企業といえども、変化の激しいこの時代、5年後、10年後も今と同じように存続していると いう保証はありません。

つまりひとり社長を目指すローリスク独立は、これからの長いキャリアを考えたときのリスクヘッジでもあるのです。

## 【思い込み④】信頼できる上司・先輩に真摯に引き留められた
### ――周囲に流されてしまうケース

### ●会社の先輩は独立に反対し、経営者の先輩は独立をすすめる

読者の中には、真剣に独立を考え、信頼できる上司や先輩、同期に相談した人もいるかもしれません。そんなときに返ってくる答えは、「せっかくウチのような安定した企業にいるのだから、独立なんてやめておいたほうがいい」というものではないでしょうか。

上司や先輩がそう話す理由はいくつかあるでしょう。独立を都落ちのように考え、今の恵まれた居場所を捨てるべきではないと考えるケースもあるでしょうし、独立の失敗例を

見てきて、そんなリスクは冒すべきではないと考えるケースもあるでしょう。また、今の職場であなたが必要だから辞めてほしくないというケースもあるかと思います。

いずれにせよ、上司や先輩は真剣にあなたのことを思ってアドバイスしてくれているはずです。信頼している相手からそのように言われれば、当然心に響きます。そもそも自分の中にも会社を飛び出すことへの不安が大きいわけですから、独立の決意がよほど確固としたものでなければ、「やっぱりこの会社でもう少し頑張ってみよう」という結論に至ることが多いはずです。

では、あなたが、すでに独立している経営者の先輩に相談したらどうでしょうか。

私の実体験も踏まえて言えば、彼らの多くは独立をすすめてきます（あなたがよほど甘い考えを持っていたり、準備も覚悟も足りなければ、指摘はするでしょうが）。私もサラリーマン時代にある先輩経営者に相談した際、「時間は有限だ。早く行動したほうがいい」という助言を実際に受けたことがあり、それが会社を飛び出す後押しになりました。

**独立して成功した人たちは、たとえ収入が会社員時代より下がっていたとしても、独立という選択が自分にとっての正解であったという確信を持っている**ことが多いものです。

もちろん、会社の庇護《ひご》なく自分の体を張って世間の荒波と戦う大変さはたっぷり語ってくれるでしょうが、それは転ばぬ先の杖として有難く聞いておくとよいでしょう。

## ●独立経験のない上司や先輩に、独立の相談をしても意味がない

同じように真摯に語られるアドバイスなのに、言っていることは正反対。仮に両方に相談したとしたら、混乱する人もいるかもしれませんね。

では、なぜこうも正反対のアドバイスが返ってくるのか。答えは簡単です。

「独立はやめておけ」と言う上司や先輩には独立した経験がありません。彼らが語るのは、企業で雇われて働き続ける人の論理なのです。人が誰かのキャリアに関して相談に乗るときは、自分が知っている範囲、信じている範囲のことでしかアドバイスはできません。そもそも人は自分の生きてきた人生を肯定したいものです。また変化を拒む傾向もあります。相手のことを思って真摯に答えようとすればなおさらです。

しかし、あなたが何かのアドバイスを必要としているとき、その件に関して何の知見も経験もない人に話を聞くことは正しいでしょうか。

例えば、上手に魚を釣るにはどうすればいいかを知りたいときには、少なくとも釣りの経験がある人に話を聞くはずです。子どもの教育で頭を悩ませているなら、子どもを育てた経験がある人に話を聞くでしょう。

そう、独立した経験のない社内の上司・先輩・同期に、そもそも独立について相談をすることがお門違いなのです（不義理のないように報告はすべきでしょうが）。

これは学術的にも説明できます。早稲田大学大学院の竹内規彦教授が『ハーバード・ビジネス・レビュー』（２０１９年４月号）に寄稿した「シニアの『心の高齢化』をいかに防ぐか」によると、若いころは、新鮮な情報や知識の獲得に強く動機付けられ、より多くの人々、これまで知り合ったことのない人々と交流し、新たな情報や知識の獲得に役立てようとするそうです。

一方で、加齢に伴い、自身の感情の安定や心の平穏を求めることに強く動機付けられるようになっていく。配偶者や家族、親友や親しい同僚など、過去に築いてきた心許せる人たちとの継続的な交流による、情緒面の安定を優先させるようになる傾向があります。**誰しも年齢を重ねることで、資源獲得の最大化から資源損失の最小化に意識が向いていく、つまり守りに入る**わけですね。あなた自身も守りに入りがちな中、同じく守りに入る年代の先輩や上司が独立を引き留めようとするのは無理もないわけです。

一方、企業を飛び出して独立した経験がある人は、企業で働くことのメリット・デメリット、独立して働くことのメリット・デメリットの両方を知っています。企業からの独立について相談するのであれば、このような経験者にこそ話を聞くべきでしょう。

## ●人間関係が社内に限られがちな大企業会社員は要注意

それなら、なぜ、多くの人が独立した経験のない社内の上司や先輩、同期に相談するのでしょうか。それは、もちろんその人たちを信頼しているからですが、もう一つの理由は社外に飛び出す人生の一大決心について相談できる人がいないからです。

これは特に大企業会社員に言えることですが、とにかく人間関係が社内に限られる。同じような価値観を持った集団の中でのウェットで濃密な関係が長年にわたって強固に構築され、外に広がっていきません。だから大企業で働く人たちが共有している価値観、キャリア観が唯一無二のものであるかのように信じ込んでしまうのです。

しかし、一歩会社の外に踏み出せば、サラリーマンの価値観とはまったく異なる価値観のもとで生きている人がたくさんいることがわかります。

『中小企業白書２０１９』によれば、全企業に占める大企業の割合はわずか０・３％であり、大企業で働いている人の割合も31・２％（約１４５９万人）に過ぎません。大企業社員のほうが少数派なのです。

働いている人の7割・約３２２０万人もいる中小企業勤務者、あるいは約３６０万人もいる中小企業経営者との間にはルビコン川が流れていると言っていいほどです。

このルビコン川を勇気を持って渡ることさえできれば、自分にとってまったく新しい世界や価値観に出合うことができるのです。その方法の一つが中小企業経営者である独立経験者の話を聞くことです。

少なくとも、独立した経験のない社内の上司・先輩・同期のアドバイスを真に受けて、正解を得たつもりになることほど残念なことはありません。

## 【思い込み⑤】妻に話したら猛反対されるだろう

### ――家族が独立できない言い訳になっているケース

### ●家族を言い訳にして、自分と向き合うことから逃げていないか

「これから子どもを大学に進学させないといけない。今、会社を辞めるわけにはいかない」「妻に相談したらきっと猛反対されるだろう。独立なんて無理だ」

このように家族の存在や反対意見が理由で、独立に踏み切れない人はきっと多いはずです。実際、ミドルの年齢だとまだまだ子どもの教育にもお金がかかります。1971年には1万2000円だった国立大学の授業料は、2017年には53万5800円と44・6倍

にも高騰していますし、晩婚・晩産の人も増えています。自分のわがままで子どもに犠牲を強いることはできない、と考えてしまうのも無理のないことかもしれません。妻の反対意見も、もちろんないがしろにすることはできません。

しかし、ここまで繰り返し説明してきたように、企業に居続けること自体がもはやノーリスクではないのです。家族のために独立を踏みとどまり、会社にしがみついたとしても、結局は早期退職勧奨を受け、プライドがボロボロになって辞めざるを得なくなるかもしれませんし、会社がいつまでも存続する保証もありません。

企業で働き続けることのリスクが年々増大していることを認識できれば、「家族のために会社を辞めるわけにはいかない」という理由がもはや成立しなくなっていることがわかるはずです。**家族のことを思うなら、むしろ新たなリスクヘッジ策を考えないといけない**とも言えるのです。それが独立という選択肢であってもいいはずです。

さらに、私はこう考えます。

人が自分のキャリアについて考えるとき、大原則として最も重視するべきなのは「自分が何をやりたいか」です。もちろん家族は大切ですが、**夢への挑戦を我慢する働き方を続けている姿を見せることが本当に家族のためになるのでしょうか。**人生100年時代、これから数十年続く職業人生を、たとえ家族であれ、自分以外を軸にして決めるということが正解だとは思えません。家族にも自分らしく仕事に挑んでいる姿を見せられたほうが健全なのではないでしょうか。

少し厳しい言い方で恐縮ですが、多くのミドルは家族を言い訳にして自分と向き合うことから逃げています。実はそこに最大の問題があるのです。

## ●ちゃんと計算してみると、「お金はなんとかなるな」ということが少なくない

そもそも「家族がいるから独立できない」と安易に考える人は、ほとんどの場合、これからの生活や子どもの教育にいくらかかるのか、貯金や学資保険がいくらあって、今後いくらの収入があれば家族が幸せに生きていけるのかを突き詰めて考えてはいないものです。家計や教育費は妻に任せっぱなしでよくわからない、妻が必要と言う収入をそのまま鵜呑みにしているという人も少なくないでしょう。

ただ、なんとなく「家長である自分が会社で安定した収入を稼ぎ、妻は専業主婦（あるいは配偶者控除の範囲内のパート勤務）で家庭を守る」という一昔前のサラリーマンの典型的家族像を今でも引きずっている場合が多々あります。

「安定した収入を稼ぐことが自分の役割だから、家族のためにそれを果たさなければならない」と当然のように思い込んでしまっているのです。

しかし、バブル世代のミドルであれば、今までに十分な稼ぎはあったはず。貯金や学資保険などをよく調べてみれば、子どもの学費はある程度カバーできる可能性もありますし、退職金はもちろん、もし早期退職制度が利用できるならそのぶんの収入も見込めます。計算してみたら、「あ、なんとかなるな」ということは意外と少なくありません。

また、前著でも書きましたが、家族全体の収入や支出は工夫次第でコントロールすることができます。夫の収入が減ったとしても、妻が本格的に外で仕事をすることで収入源を増やすこともできますし、学費の一部は子どものアルバイトで賄うことを考えてもいいでしょう。また、今の日本は高齢世帯の預貯金額が大きいものの、結局相続税でお上が持っていくならば、子どもの学費に関しては、子どもの祖父・祖母からの支援を頼ってもいいのではないでしょうか。

生活レベルを見直すことで支出も抑えられます。この機会に無駄な出費がないかを家族全員で考えてみるのもいいでしょう。今回のコロナショックで飲みに行く機会や外食・旅行の機会などが減り、お金をかけない生活が十分可能なことを実感した人も少なくないのではないでしょうか。

ちなみに、シングルマザーの知人は、非正規労働に従事しつつも、しっかり子ども二人を大学までやり、留学までさせています。「シングルマザーであることを武器に、使える支援制度はすべて使う」という逞《たくま》しさがあったからです。

加えて、子どもの学費に関して具体的なアドバイスをしておきます。

今やこの国では貸与型の奨学金を利用する学生は２・６人に１人で、卒業時点で平均３００万円以上の負債を抱えるという悲惨な状態です。こうした貸与型の奨学金は将来的に子どもの重荷になるのでおすすめはしませんが、今は大学などに進学する際の入学金や授業料に充当できる給付型の奨学金制度が拡充されつつあります。会社を辞めて父親の収入が大幅に減った場合、この給付型奨学金の対象世帯となる可能性も十分にあるので、詳しく調べておくといいでしょう。また、文部科学省が進める「トビタテ!留学JAPAN」プロジェクトなどを使えばローコストで留学も可能です。これまで天引きで税金をしっかり納め続けてきたわけですから、こうした支援制度はフル活用すべきでしょう。

高齢者への医療・介護負担などが大きく、税の無駄づかいもあり、2017年時点で教育への公的支出はGDP比2・9%とOECD38カ国中ワースト2位というわが国でも、さすがに教育格差をこれ以上広げるわけにはいかないと、高校授業料無償化や返済不要の奨学金や留学援助の制度も増えてきているのです。

## ●反対する妻の説得は、最初から長期戦を覚悟する

さて、そうは言っても、会社を辞めて独立することに頑《かたく》なに反対する妻も少なくはないはずです。なぜなら、専業主婦や扶養の範囲内で働くパート主婦などの場合、**妻もサラリーマン家庭の価値観に染まってしまっていることが多い**からです。

この場合、妻を説得するのは容易ではありません。ですから、1回独立を口に出して反対されたぐらいですぐにあきらめるのではなく、最初から長期戦の覚悟で、妻の考えを縛

っている古い価値観を解きほぐしていくことが必要になります。そもそも私が提案しているのは10年計画での独立なのです。

世の中が大きく変わろうとしていること、企業で働き続けることのリスクが高まっていること、独立はむしろリスクヘッジの手段であることを時間をかけて伝えていきましょう。一緒に学んでいく感じですね。

妻も外で働くことを応援するのもいいですね。自分自身がやりたいことを仕事にしたり、新たな人間関係を作るなどの働く喜びを実感すれば、夫の独立に反対する気持ちは徐々に薄らぐでしょうから。

先ほど、企業のミドルは自分と向き合うことから逃げてきたと書きましたが、同様に仕事の忙しさを言い訳に家族と向き合うことからも逃げてきた人が多いのではないでしょうか。この機会に、自分のやりたいこと、自分の希望する今後の職業人生について真摯に伝え、家族とじっくり話し合ってみましょう。

それを避けたまま、「どうせ反対される」と思い込んでチャレンジしない人生を選んだとして、先々あなたは本当に後悔しないでしょうか。

## 【思い込み⑥】独立は定年後しばらく休んでからでいい

――「仕事＝苦役」という考えに縛られているケース

### ●まだまだ動ける50代のうちに行動を起こすことが重要

独立するのは魅力的だが、定年まで働いて、しばらく休んでからでいいのではないか――。そんなふうに考えて、独立という選択を先送りにする人もいます。

一見、合理的な人生設計のようにも思えます。確かに独立はいつでもできます。定年後、ゆっくり悠々自適の生活を送ることが魅力的に感じられるのもよくわかります。

しかし、定年年齢自体が引き上げられる中、60代の後半、あるいは70代で独立するということを冷静に考えてみるとどうでしょう。今のシニアは元気とはいえ、40代、50代で動き出すのと比べれば、仕事と生活に変化を伴う独立をする際にかかる負荷は大きくなります。

1年、2年とリタイア期間が続けば、ビジネス筋肉は確実に衰えていきます。現場から離れたぶん、本来、その間に得られたはずの最新の知見、技術などに関してもキャッチアップしなければいけませんが、それも厳しくなります。

独立するにあたっては、例えば、今の会社に籍を置いたまま、副業で知人の会社で働かせてもらって、今の企業では経験できない幅広い業務を実地で学ぶことなども必要になりますし、顧客を開拓するためには精力的な営業活動なども必要となります。企業で働き続ける以上に気力も体力も求められるのです。

だからこそ、まだまだ動ける40代、50代のうちに行動を起こすことが重要なのです。

## ●むしろ働くことによって、人生や生活が充実し、喜びを得られるようになる

そもそも、なぜ「定年後ゆっくりしてから」と考えてしまうのでしょうか。

そこには「仕事＝苦役」と考えるサラリーマン思考が根深く働いています。働くことは苦しいが、みんな頑張っているのだし、定年まではなんとかやり切ろう。しかし、その後しばらくは苦役から解放されたい——。このように考えてしまうのですね。

しかし、やりたいことを仕事にできている人、日々の仕事に働きがいを感じている人にとって、仕事は苦役ではありません。むしろ働くことによって、人生や生活が充実し、喜びを得ることができるのです。だからこそ、寸暇を惜しんででも取り組みたいと思えることを仕事にするべきなのです。

そんなバカなと思う人は、自分が深刻な固定観念の罠にはまっていることを自覚すべきでしょう。まずはその考え方をリセットすることこそが喫緊の課題です。**「仕事＝苦役」という発想のままでは、独立後も形を変えた苦役が続くだけ**のことになってしまいますか

ら。「労働」「労働者」を意味する「レイバー」は、ラテン語由来の「苦役」ですが、「働く」「仕事」を意味する「ワーク」は、ゲルマン語由来の「自主的に活動する」ことなのです。

欧米諸国では定年は年齢差別にあたるとして定年がない国も多いのですが、労働政策研究・研修機構の２０１８年の調べによると、日本の65歳以上男性の労働力率は33・９％で、定年のないアメリカの24・０％やイギリスの14・０％を大きく上回っています。つまり、定年したとて生きがいを感じるためにも働きたいと考える国民性が私たち日本人にはあるようです。真面目に働き仕事人間できた人ほど、そうなのではないでしょうか。

本書で提案する独立は、何よりも職業人生後半を幸せにするための前向きな選択です。単に定年後の収入を確保すること、退屈な時間の埋め合わせをすることが目的ではありません。

そのことを理解するためにも、企業を飛び出すことが必要だとも言えるのです。

# 第２章

## 職業人生後半戦の選択肢、どれがベスト？

――最もおすすめな「ＦＡ独立」とは何か？

企業のミドルにとって、独立は決して無謀な挑戦ではありません。無謀に思えるのは、一つには、前章で説明したように長年働いてきたサラリーマン特有の思い込みに囚われているから。もう一つは、最低限の戦略や準備もなく挑戦しようとするからです。

つまり、広く世の中を見渡して、サラリーマンカルチャーの枠に囚われずに自分を客観的に見つめることができて、かつ必要な戦略を立ててしかるべき準備をすれば、独立の成功確率はグンと上がるということです。十分なキャリアも人生経験も重ねてきた皆さんにとって、これらはそれほど難しいことではないはずです。

## 年収1000万円の大企業会社員と年収360万円のひとり社長、リッチなのはどっち?

まず、一番あなたが心配している収入面について、脱サラ独立したらどうなるのか、見ていきましょう。

リクルートワークス研究所「データで見る日本のフリーランス」(2020年3月)に

よると、フリーランスの中心は、スキル、技術、経験を蓄えた50代男性で、平均年収は営業・販売職で317万円、クリエイティブ職で380万円、ソフトウェア・インターネット関連技術職で393万円となっています。

大企業で管理職経験のある人からすると、少なく感じるかもしれませんね。実際、独立すると前職年収より下がる場合が多いようです。大企業に勤める管理職なら年収1000万円を上回る人もいるでしょうから、余計に心配になってきたかもしれません。

ただし、私は、**表面的な年収だけで経済的な豊かさを判断するのは早計**だと考えています。なぜなら、**サラリーマンの場合、年収が高くなればなるほど、そのぶん源泉徴収等で天引きされる税金や社会保険料負担も大きくなる**からです。

勤める従業員の税や社会保険料徴収を企業に義務付ける源泉徴収という仕組みは、国や自治体にとっては取りっぱぐれのない効率的な仕組みながら、企業にとっては多大な手間になりますし、従業員にとっても有無を言わせず税や社会保険料を取られてしまう気持ちの良くないものです。

さらには、天引きされることに慣れてしまい、自分がどれだけ支払わされているか意識しにくくなり、手取り額しか意識しなくなる人も少なくないでしょう。給与明細書が電子化・簡素化される傾向もあるためなおさらです。

しかも、給与明細書に表れないところで社会保険料だけでも給与の15～16％ぶんなど、別途に一定割合企業に負担させる、巧妙に作られた仕組みにもなっています。今や雇用者が就労者全体の9割を占める時代ですから、大半の国民は丸裸で税や社会保険料は徴収されるにもかかわらず、その痛みを感じにくい構造になっているのです。その結果、税金や社会保険料の使い道を決める政治や行政に対する意識が低くなる悪循環も招いています。

前置きが長くなりましたが、こうした仕組みの中で飼いならされた状態から脱するためにも、私は独立すべきだと考えています。なぜなら、あらかじめ天引きされた手取り給与ではなく、一度稼いで手にしたお金から税や社会保険料を納める痛みが実感できるため、政治への関心が高まり、何より節税の工夫もできるようになるからです。

もちろん、日本に暮らし働くからには、税や社会保険料は負担すべきです。しかしコロナ禍のアベノマスクしかり、あまりにも無駄な税の使い方を見るにつけ、徴収される金額はできるだけ抑えて、そのぶん、自分でふるさと納税やＮＰＯ団体などに寄付したり、クラウドファンディングで困窮している人や企業を支援するほうがよいとも思います。

さらにおすすめするのは個人事業主ではなく、やはり会社を設立してひとり社長になることです。個人事業主は個人所得に応じて税金が決まってしまいますが、会社を設立すれば会社の売上げとは関係なく、役員報酬としての個人所得を決める裁量があり、会社と個人両方で課税前に必要経費が使えるようになるからです。

また、個人事業主は基本的に国民年金に加入することになりますが、将来もらえる国民年金の金額は40年間保険料を支払っても6万円台にしかなりません。しかし、会社を設立すれば厚生年金に加入できるため、将来もらえる年金を増やすことも可能だからです。

## ●稼ぐ金額が同じでも、独立すると年間150万円も自由に使えるお金が増える

では実際に、年収１０００万円の大企業サラリーマンが、脱サラして年収３６０万円の社長に変わると、月々の給与明細（経営者は役員報酬明細）はどう変わるのでしょうか。

モデル例を作ってみました。次ページの図「毎月の給与明細はこう変わる　年収１０００万円の会社員vs.年収３６０万円の経営者」を見てください。細かな設定は家族形態や住

## 年収1000万円の会社員 vs. 年収360万円の経営者

### ①年収360万円経営者の役員報酬明細書モデル

| 支給 | | 控除 | |
|---|---|---|---|
| 役員報酬 | 300,000 | 健康保険料 | 14,805 |
| | | 介護保険料 | 2,685 |
| | | 厚生年金保険料 | 27,450 |
| | | | |
| | | | |
| | | 所得税 | 5,140 |
| | | 住民税 | 10,000 |
| | | | |
| 合　計 | 300,000 | 合　計 | 60,080 |
| 差し引き支給合計額 | | | 239,920 |

**■東京都、令和2年10月以降の場合**

※厚生年金基金は割愛
※40 歳から 64 歳までの医療保険加入者(第 2号被保険者)
※全国健康保険協会(協会けんぽ)のデータを利用
※厚生年金保険料18.3%、健康保険料率9.87%、介護保険料1.79%は会社と個人で折半
※妻一人扶養と想定
※住民税は年12万円想定

※令和2年9月分(10月納付分)からの健康保険・厚生年金保険の保険料額表
https://www.kyoukaikenpo.or.jp/~/media/Files/shared/hokenryouritu/r2/ippan_2/r2040113tokyo.pdf
※給与所得の源泉徴収税額表(令和2年分)　https://www.nta.go.jp/publication/pamph/gensen/zeigakuhyo2019/data/01-07.pdf

※図版監修:㈱コンサル・ネクスト会計事務所

# 毎月の給与明細はこう変わる

## ①年収1000万円会社員の給与明細書モデル

| 支　給 | | 控　除 | |
|---|---|---|---|
| 基本給 | 570,000 | 健康保険料 | 30,597 |
| 各種手当 | 55,000 | 介護保険料 | 5,549 |
| 非課税通勤交通費 | 20,000 | 厚生年金保険料 | 60,450 |
| | | 雇用保険料 | 1,935 |
| | | | |
| | | 所得税 | 27,350 |
| | | 住民税 | 50,000 |
| | | | |
| 合　計 | 645,000 | 合　計 | 175,881 |
| 差し引き支給合計額 | | | 469,119 |

**■東京都、令和2年10月以降の場合**

※厚生年金基金は割愛
※年間賞与4カ月と想定し、賞与の控除影響は割愛
※40 歳から 64 歳までの医療保険加入者（第 2号被保険者）
※全国健康保険協会（協会けんぽ）のデータを利用
※厚生年金保険料18.3%、健康保険料率9.87%、介護保険料1.79%は会社と個人で折半
※雇用保険料0.9%の1/3は自己負担　2/3は会社負担
※労災保険料0.6%は会社全額負担
※妻一人扶養と想定
※住民税は年60万円想定

**毎月の税と社会保険料負担は**
**3分の1に激減**

む自治体などによって変わるのですが、ざっとシミュレーションすると、年収１０００万円の会社員の月々の手取り金額は46万９１１９円、年収３６０万円の脱サラ経営者の手取り金額は23万９９２０円となり、49％弱までしか下がりません。理由は毎月の税と社会保険料負担は３分の１に激減するからです。会社員は別途ボーナスがありますが、業績連動である場合が多く、固定給とはいえません。２０２０年冬のボーナスはＪＴＢが支給ゼロ、オリエンタルランドが７割カットです。コロナ禍でその不安定さを実感した人も多いはずです。

それでも「40万円台の手取りと20万円台の手取りでは全然違う。かなり少ないじゃないか」と思われるかもしれませんね。だから、会社を設立するのです。

経営者として役員報酬を３６０万円で固定させたとして、それは会社としての売上げの中から拠出することになります。

会社員として年収１０００万円だったのであれば、仮に設立した会社の年間売上、つまり年商が同じ１０００万円稼げたと仮定しましょう（事業を安定させ複数顧客を抱えるようになっていけば、ひとり社長でも年商１０００万円は非現実的な数字ではありません）。

92〜93ページの図「年収１０００万円の会社員より、年収３６０万円のひとり社長のほうがリッチ」を見てください。年収１０００万円の会社員と年商１０００万円（年収３６０万円）のひとり社長では、会社を通じてであろうが、顧客からダイレクトにであろうが稼ぐ金額は同じです。

しかし、手もとに残るお金は２４０万円から２８０万円へと40万円増えます。かつ、自己研鑽費や交際費など使えるお金も、約４６０万円から約５７０万円と１１０万円も増えます。合わせて**１５０万円自由に使えるお金が増える**のです。

その理由はシンプルです。先ほどご説明したように、**源泉徴収で課税・天引きされる前に必要経費が使えるので、税金や社会保険料を抑えられる**からです。もちろん、納める社会保険料に含まれる厚生年金保険料を抑えると、将来もらえる年金は減りますが、そのぶんは増えた手取りから個人として貯めておくなり運用するなりしておけばよいでしょう。

いかがでしょうか。税や社会保険料などのお金の仕組み・からくりに強くなってどういう収入になるか予測がたてば、独立への心理的ハードルは下がるのではないでしょうか。

では、企業ミドルがこれらを踏まえて現実的に独立を検討した場合、どのような独立ス

# 年収360万円のひとり社長のほうがリッチ

【独立後　年商1,000万円（年収360万円）】

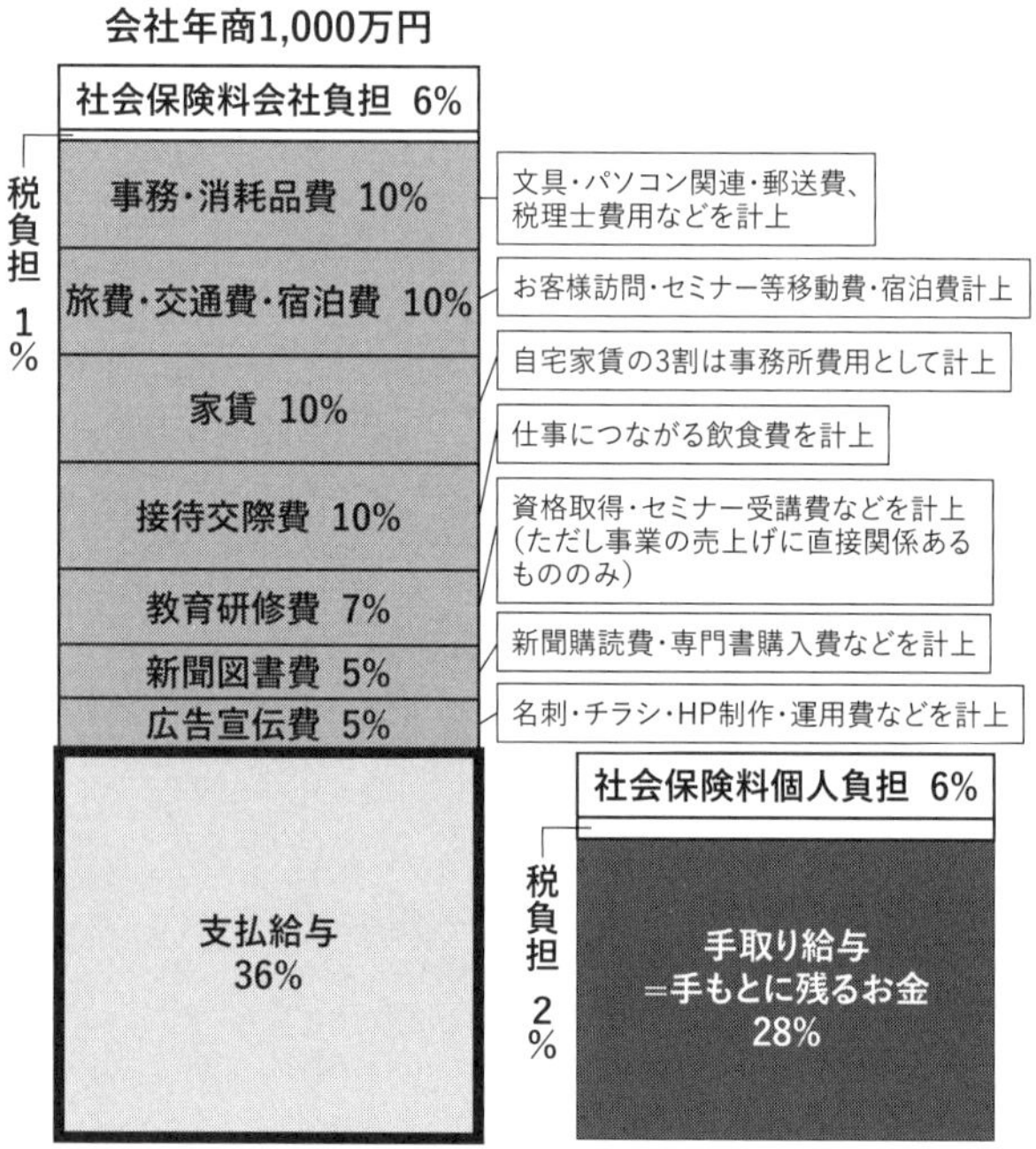


法人の必要経費で自己研鑽や交際費などを落とせる
法人は収益0か赤字なら税金は均等割7万円のみ（※東京都の場合）

・税と社会保険料　▲約150万円
・自己研鑽や交際費など　▲約570万円
・手もとに残る　約**280**万円

※図版監修：㈱コンサル・ネクスト会計事務所

## 年収1000万円の会社員より、

【大企業会社員　年収1,000万円】

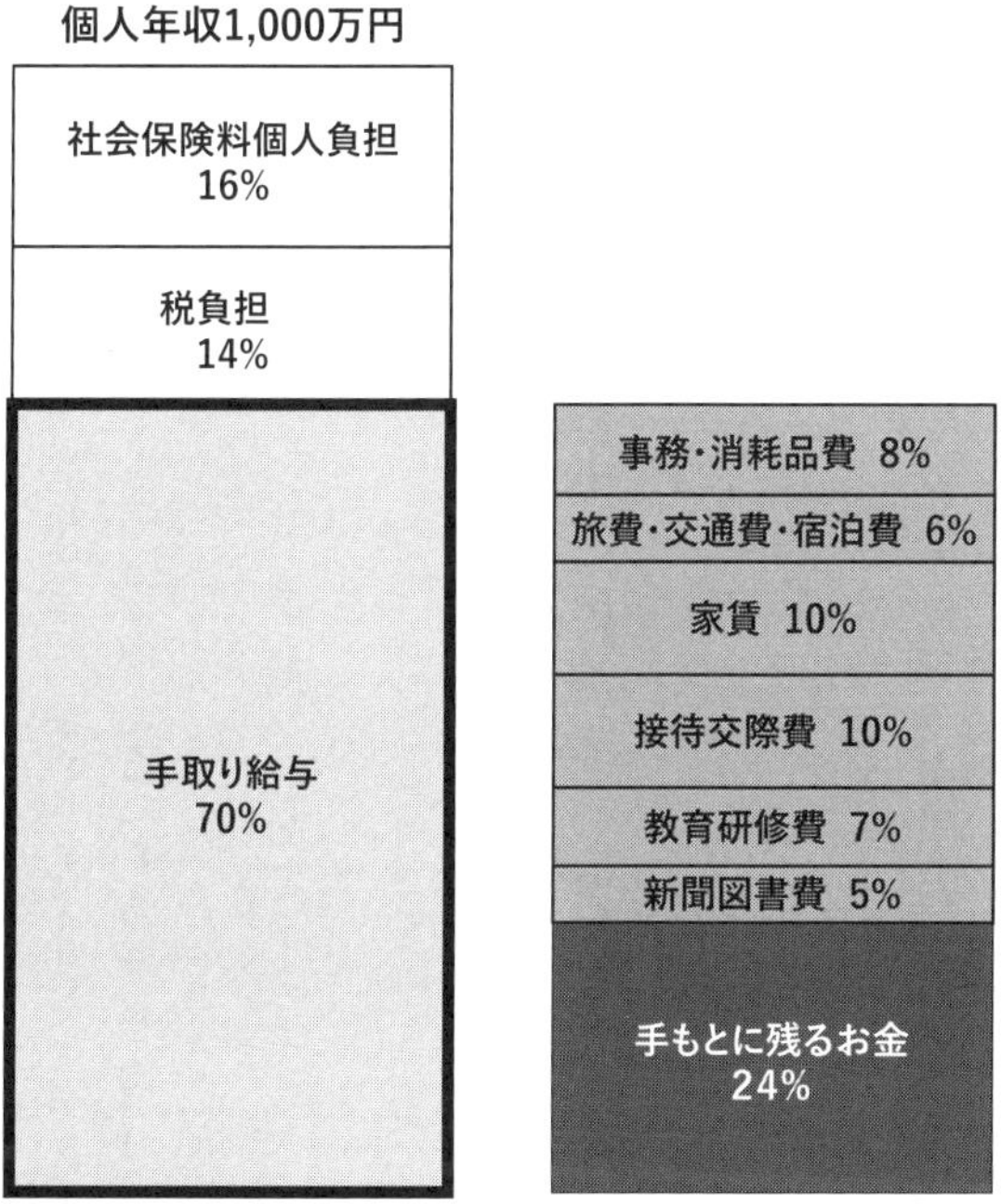


個人年収1,000万円から

- ・税と社会保険料　▲約300万円
- ・自己研鑽や交際費など　▲約460万円
- ・手もとに残る　約**240**万円

タイルが有力な選択肢となり得るでしょうか。

それこそが、**これまでに積み重ねてきた経験やスキルを存分に活かし、かつ人を雇わず、借金もせず、初期投資をできる限り抑える「FA独立（フリーエージェント独立）」**なのです。このようにひとり社長でスタートし、身の丈に合った事業を身の丈に合った規模で展開することができれば、リスクは大幅に軽減できます。

## 「第二の職業人生」の多様な選択肢。それぞれのメリット・デメリットとは？

まだ「ピンと来ない」「イメージが湧かない」という人もいるかもしれませんね。そこで、この章では、早期退職や定年退職後の選択肢となる、様々な独立・転職スタイルを概観しつつ、FA独立とは何なのか、他の独立・転職スタイルとの違いはどこにあるのかを掘り下げて見ていくことにしましょう。

企業ミドルが、職業人生後半戦を迎えるにあたり、「このまま今の会社に残る」以外の

## 50代会社員におすすめは「FA独立」

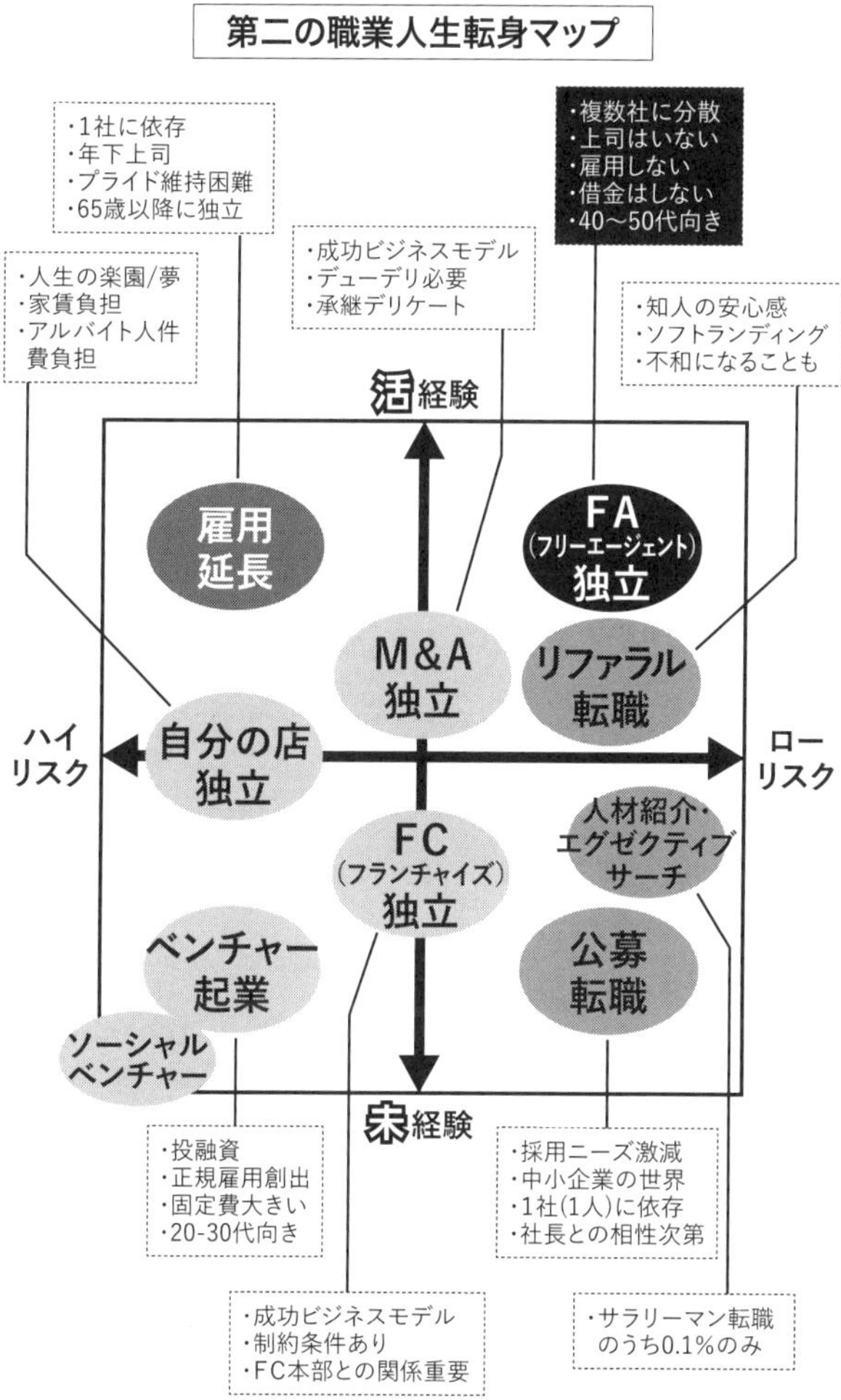
第二の職業人生転身マップ
・1社に依存
・年下上司
・プライド維持困難
・65歳以降に独立
・人生の楽園/夢
・家賃負担
・アルバイト人件費負担
・成功ビジネスモデル
・デューデリ必要
・承継デリケート
・複数社に分散
・上司はいない
・雇用しない
・借金はしない
・40〜50代向き
・知人の安心感
・ソフトランディング
・不和になることも
活経験
雇用延長
FA（フリーエージェント）独立
M&A独立
リファラル転職
ハイリスク
自分の店独立
ローリスク
人材紹介・エグゼクティブサーチ
FC（フランチャイズ）独立
ベンチャー起業
公募転職
ソーシャルベンチャー
未経験
・投融資
・正規雇用創出
・固定費大きい
・20-30代向き
・採用ニーズ激減
・中小企業の世界
・1社(1人)に依存
・社長との相性次第
・成功ビジネスモデル
・制約条件あり
・FC本部との関係重要
・サラリーマン転職のうち0.1%のみ

道を検討した場合、考えられる選択肢にはどのようなものがあるでしょうか。

それらをマッピングしたのが前ページの「第二の職業人生転身マップ」です。それまでの経験が活かせる度合いを縦軸に、リスクの大きさを横軸にとると、概ねこのように位置づけることができます。

まずはそれぞれの特徴やポイント、メリット・デメリットを概観していきましょう。

## ■ＦＡ独立（フリーエージェント独立）

ＦＡ独立（フリーエージェント独立）とは、これからの「ひとり社長」のあり方を私なりに表現した造語です。要はプロ野球のフリーエージェントのイメージですね。プロ野球のフリーエージェントは、もともと所属していた球団との契約から解放され、これまでの経験や現状のスキルを幅広くいろいろな球団に評価してもらい、自分を買ってくれる球団と契約するというもの。トレードと違って契約先を自分で選べるところもポイントです。

プロ野球の場合は、その後、一つの球団と契約することになりますが、ビジネスパーソンのＦＡ独立の場合は、この契約先が一つとは限りません。そこが大きな違いではありますが、経験・スキルを活かせて、リスクが少ないという部分では共通点が多いのではないかと思います。95ページのマップでは右上に位置づけられ、私が本書でイチオシする独立スタイルです。

ＦＡ独立は具体的に見ていくとさらに細かく分類でき、詳細は第３章で解説しますが、例えば、自分の得意な領域に関する独立コンサルタントなどをイメージしてもらうとわかりやすいはずです。

## ■雇用延長

次にマップ左上の雇用延長を見ていきましょう。

嘱託など雇用形態を変えて、今いる会社で定年後も働き続けるわけですから、経験を活かせる度合いはＦＡ独立と同様に高いといえます。一方、横軸のリスクの大小についてですが、これについては、「同じ会社（大企業）で働き続けるのだからリスクは少ないのでは？」と感じる人も多いかもしれません。

しかし、第１章でも触れたように、**変化の激しいこれからの社会では「１社に依存す**

**る」こと自体がリスク**となるのです（次ページの図参照）。

例えば、あなたが今50歳だとして、「10年後に定年を迎えたら、制度を活用して雇用延長で働き続けよう」と今後のプランを立てたとします。

しかし、2020年のコロナ禍をはじめとして、2011年の東日本大震災、毎年のように起こる局所的な地震や台風・水害など、100年に一度と言われる非常事態が5〜10年に一度起こり続けている現代。これからの10年の経営環境が一切の無風で、何の変化も起こらないということはまずあり得ません。

今や世界経済を牛耳っているのは、あなたが働き始めたころには存在していなかったGAFAなどの新興企業です。株式投資をしている人なら気づいているでしょうが、日本の上場企業の中にも過去10年ほどで躍進した新興企業が続々と増えています。これから10年の間に登場するスタートアップがまったく新しい事業で市場を支配してしまう可能性もあり、自社のサービスのニーズが一気になくなってしまうことだって考えられます。

その結果、10年の間にあなたの会社が規模縮小を迫られ、大規模なリストラを進めるかもしれませんし、他社に吸収・合併されてしまうかもしれません。そのときに現行の雇用延長制度がそのまま存続している保証もありません。もちろん会社や事業自体がなくなっ

## １社依存の会社員より、複数顧客を持つ「ひとり社長」のほうがローリスク

【大企業会社員　年収1,000万円】

・上司・会社の評価で人生が左右される

・左遷、リストラされたら収入を失う

【ひとり社長　年商1,000万円】

・人生のハンドルは自分で握る

・１社の仕事を失っても一部収入減にとどめられる

てしまう可能性だってあります。

前著『50歳からの逆転キャリア戦略』の読者からも、「新卒入社した会社で所属する事業部ごと他社に譲渡されてしまった。この年で転職は考えられないので急きょ独立を考えている」といった声が届きました。それも一人や二人ではありません。

このような十分起こりうる変化を想定すると、これからの時代、稼ぐ先は複数に分散しておいたほうが、リスクは抑えられます。逆に、1社に依存してしまうと、その会社が倒れた時点であなたも共倒れになってしまいます。だから、**雇用延長は経験を積んできたミドルにとってローリスクに見えて、実はハイリスクな選択肢**なのです。

## ●自分の人生のハンドルを最後まで会社任せにするのは、実は超ハイリスク

また、1社に依存した場合、どんな仕事をするか、自分の時間をどう使うかといった人生の重要事項について、会社や上司にハンドルを握られたままということになります。このストレスがどれほど大きいかは、今さら私が説明するまでもなく、皆さん長いサラリー

マン生活の中で痛感してきたはずです。

雇用延長を選択した場合、本人が望んでいない事務作業やそれに類する閑職に回されることも決して少なくありません。**「こんな仕事をしたいわけではなかったのに……」というストレスが続く可能性**もあります。年下の上司の下で働くことにどこかで不満を感じる人もいるでしょう。

もちろん個人の選択の問題ですから、そうした環境になんのストレスも感じず、働きがいを得られる人には要らぬ心配かもしれません。しかしそうではなく、飛び出すことを恐れて消去法で雇用延長を選ぶのであれば、このストレス自体が大きなリスクといえます。

ストレスがあったとしても、その対価としてのポジションや報酬が与えられていればまだ耐えることができるかもしれません。また、先々の昇格など活躍フィールドが広がる可能性が大きいならば我慢もできるでしょう。昭和型の雇用システムはまさにそのような仕組みでした。しかし、雇用延長の場合、ポジションや報酬はほぼ期待できません。

「この年齢だし、雇ってもらえているだけでもありがたいと思わないといけないのかもな……」というネガティブな心理が高まり、**築き上げてきたキャリアに対するプライドの維**

**持が難しくなって、メンタルにダメージを受ける人も少なくありません。**

もちろん、「もう課長や部長ではないのだから」と気持ちを切り替えて、新たな境遇・立場に適応していく人もいるでしょう。しかし、約40年キャリアを重ねてきたシニアにとって、それは現時点で想像するほど容易なことではありません。上意下達のサラリーマンのカルチャーが身に染みついている人ほど切り替えは難しいものです。

## ■リファラル転職／人材紹介・エグゼクティブサーチ／公募転職

今の会社を辞めることを検討したとき、一般的には独立よりも先に転職を考える人がきっと多いはずです。正社員または役員としての転職であれば、月々の安定した給与は保証されますから、転職は全般的にリスクが少なく思える選択肢です。

その中でも、今までの実績や能力、人柄などを買われて、知人・友人などから誘われる「リファラル転職」は、自分に向いている仕事での転職も実現可能ですし、うまくいけば報酬アップも期待できますから、魅力的な選択肢の一つです。実績や能力を買われ、請われて転職するわけですから、経験を活かせる度合いも他の転職に比べれば高くなります。

とはいえ、**業界が変わることも多く、転職先企業内での人的ネットワークをゼロから作り上げることも必要**なわけで、ケースバイケースですがマップの縦軸（経験が活かせる度合い）に関しては中程度と見ておいたほうがいいでしょう。

ここでポイントになるのは、転職した先を安住の地ととらえてしまえば、結局は1社依存に陥ってしまうということです。そうではなく、そのあとも自分の力が活かせる職場があれば転職をしてキャリアを伸ばしていきたいと考えるなら、会社と運命をともにするリスクは避けられるでしょう。

しかし、「次もリファラル転職で」と考えた場合、よほど業界内で能力が高く評価されている人なら別ですが、そうそう都合良く誘いの声がかかるものでもありません。つまり、チャンスが来るまで受け身でじっと待たなくてはいけないわけで、そのチャンスが訪れない可能性だってあります。

## ●ミドル以降の公募転職は、大企業から中小企業への転職が中心

そこで、次に選択肢として浮上するのがエグゼクティブサーチです。人材を求める企業から依頼を受けて、専門のスタッフが該当する人物をリサーチしてヘッドハンティングし、両者をマッチングするサービスですが、あなたが社外でも認知されるような実績をあげていれば、ここでピックアップされる可能性もあります。

実績や能力を評価されて、請われて転職するという意味では、リファラル転職に近く、比較的経験を活かすこともできるでしょう。しかし、知人・友人を介するリファラル転職や後述する公募転職と比べると、その市場は極少です。標準的なサラリーマンの転職者数が年間約120万人と言われる中、1000人程度。わずか0・1％の世界です。しかも入社後の評価はシビア。期待されているだけの実績を短期間にあげることができなければ、あっさりと切られてしまうことも多いというデメリットがあります。

その結果として、ハイスペックを売りにした、いわゆる「ジョブホッパー」になってしまう人も少なくありません。しかし、短期間での転職を繰り返していると、1社で経験で

きることの幅も狭まりますし、職務経歴書に記載される社名や肩書きはすごくても、それぞれ何をしたと言えるほどの実績が残せない可能性も高くなります。そうなると、徐々に声もかからなくなり、キャリアとしては先細りになってしまいます。

リファラル転職もエグゼクティブサーチを介した転職も難しい場合は、人材紹介会社や求人サイト、ハローワークあるいは企業のＷｅｂサイトなどに掲載されている求人情報をもとに、自分から応募する公募転職がその次の選択肢となります。

公募転職の場合は大企業から大企業への転職は難しいのが現実で、大企業から中小企業への転職が中心となります。かつ、35歳以降、５歳ごとに求人数は半減し、50代ともなれば16分の1まで激減するといわれています。当然、年収も、例えば７００～８００万円台から３００万円台に半減することも覚悟しておかないといけません。

## ●転職市場で提示される年収が、現在のあなたの客観的な評価

ただし、私は年収ダウン自体をリスクであるとは考えません。**年収が下がっても、より**

**働きがいのある仕事に取り組むことができるなら、お金にこだわるよりよっぽど充実した第二の職業人生を送ることができる**からです。

ミドル・シニアのキャリアにおいては、高年収に対するこだわりが捨てられない人はそのマインドそのものがリスク要因です。

特に日本企業におけるミドルの給与は、決してその人の現在の能力を適正に反映して決まっているものではありません。年功序列をベースにした評価システムがあったからこその金額なのです。むしろ、転職市場で提示される年収が現在のあなたの客観的な時価評価。公募転職に臨む場合は、その現実を受け入れることが最低限必要で、自分を客観視する意識改革ができないまま公募転職に臨むと、失望を味わうことになる可能性が高いでしょう。

知人の人材紹介企業経営者によると、コロナ禍で将来不安が高まり大企業からの転職希望者が増えているとのこと。**転職希望者の中には、困った企業ミドルの事例が増えている**といいます。典型的なのは「どの業界が安定しているか」「どれくらい給料をもらえそうか」といった質問だとか。自らの市場価値を客観視できておらず、組織への依存心が強く、何よりキャリア展望を持てていないことが問題です。こうした肝心な部分を考えずに、なんとか安定した船に乗り換えたいという姿勢ばかりが目立つというのです。

不安にさいなまれる気持ちは理解できますが、これでは満足のいく転職など望むべくもありません。

ミドルの転職市場に詳しい人材紹介企業経営者はこうも話します。

「人生１００年といっても、いまだ転職年齢35歳限界説は崩れていません。ただでさえ、コロナ禍で大恐慌が訪れようとするさなかです。40代、50代ともなればいくら給料がもらえるかではなく、**『経験値を活かしていくら御社に稼がせるので、その対価としていくらの報酬が欲しい』と言えるくらいの人材でなければ転職は難しい**んですよ」

## ●大企業ミドルの多くは、事業プロセスのほんの一部しか担当していない

そして、大企業から中小企業へと転職した場合、担当する仕事の範囲が広がることも注

意点の一つです。同じ業界であれば、よりスケールの大きい大企業での事業を経験していれば、中小企業での業務は難なくこなせるはずと高をくくっている人も少なくありませんが、現実はそれほど甘くはありません。

確かに大企業は扱う事業のスケールは大きいですが、一つひとつの工程が細分化されているため、一人の人が担当するのは事業全体のプロセスのほんの一部。同じ事業であっても、**自分の所属する部門の前工程や後工程に関しては実はあまりよくわかっていない**ということが多々あります。

これに対して、中小企業は扱う事業のスケールは小さくても、マネージャークラスなら、マーケティングリサーチから、商品・サービス開発、仕入れ、製造、在庫管理、営業・販売、アフターサービスなどに至るまでの幅広いプロセスに関わることになります。このうちの一部しか経験していない大企業出身者にとって、これだけの多様な業務に対応することが思いのほか高いハードルとなるのです。

大企業に入社すればジョブローテーションによって様々な部署を経験し、今の歳になるころにはビジネスの幅広いプロセスの全体像をつかめていると考えていた人も多いのではないでしょうか。いわゆるゼネラリストの育成です。

ところが平成の30年間、日本企業の多くはバブル崩壊の後遺症から立ち直れず、低迷を続けました。しかもバブル世代は大量採用され人数も多いことから、全員を育成する十分なポストがなかったこともあいまって、一部の経営幹部候補者以外でジョブローテーションはうまく進みませんでした。

その間にも全員毎年、年齢を重ねてきたわけで、受け入れ側の部署からはますますベテランを受け入れることを躊躇され、同じ部署で若かりしころと代わり映えのしない仕事を延々とやってきた人が増えてしまったわけです。人によっては、塩漬けにされたと感じている人もいるでしょう。こうした背景から、大企業ミドルが中小企業で経験を活かせる度合いはそれほど高いとはいえません。ですからマップでも右下に位置づけられています。

## ●転職して一緒に働くようになったとたんに、人間関係がうまくいかなくなることも

なお、リファラル転職であれ、エグゼクティブサーチを介した転職であれ、公募転職であれ、転職の場合は上司や経営者との相性の問題はつきまといます。リファラル転職であ

っても、友人・知人に請われて転職するとはいえ、誘ってくれた人が直属の上司になるとは限りません。大企業で、上司との人間関係にストレスを感じていた人は、転職した先でも同じようなストレスを味わう可能性は十分あります。

さらには「ヤマアラシのジレンマ」という事態も往々にして起こります。これは、ヤマアラシは鋭い針毛を持っているため、互いに寄り添い合おうとすると、自分の針毛で相手を傷つけてしまうため、結果として近づけなくなるという寓話です。つまり、**取引関係など適度な距離感で付き合っているうちはうまくいっていた人間関係が、直接の上司部下になったとたんに互いの粗《あら》が目立ち、うまくいかなくなる**というケースも珍しくないのです。

本当に相性の良い上司・経営者と巡り会えるかどうかはあくまで運次第。そこが「転職」という選択肢の限界と言えるかもしれません。

## ■自分の店独立

ラーメン店、カフェ、雑貨店など、「自分の店を開きたい」という希望を持っている人も多いでしょう。職業人生の後半戦、サラリーマンのストレスから解放されて、自分の好きな分野のお店をマイペースで経営してみたいと思う気持ちはよく理解できます。

ただし、長年思い描いていた「人生の楽園」を実現する自分の店独立には、リスクもあります。実店舗を構えるとしたら、店舗の種類や立地にもよりますが、少なくとも1000万円以上の開業資金がかかることが多いですし、月々の家賃も発生します。また、仕入れも必要ですし、仮にアルバイトを雇うなら人件費も発生します。初期投資と固定費が大きくなる点がＦＡ独立との大きな違いです。

実際、皆さんが暮らす街に次々にできる新しいお店の中にも、半年、1年という短い期間で閉店してしまうところは少なくないのではないでしょうか。経営が軌道に乗らないと、初期投資を回収できないどころか、固定費の支払いさえできなくなり、早々にパンクしてしまうリスクが非常に高いのです。

コロナ禍以降、家賃と人件費に苦しむ店舗経営者の苦悩は、あなたも報道で見聞きしたはずです。経験のない個人が新規出店して、地域の既存店との競争に勝って安定した集客を実現するのは容易なことではありません。

飲食業の経験がない企業ミドルが、例えばラーメン店を始めたとしましょう。いくら個人的趣味でラーメンに精通しているとしても、プロとしてのラーメン作りの経験はゼロ。仮に営業経験があれば接客に活かすこともできるでしょうし、マーケティングや経理など企業での経験が活かせる要素はあるものの、FA独立と比べると、経験が活かせる余地はグッと少なくなります。

「流通系企業でアパレルのバイヤーをやっていた人が、アパレルのセレクトショップを開店する」というような同業種での自分の店独立であれば話は別ですが、あくまで趣味で親しんできた分野での店舗開業となると、最初はわからないことばかり。しばらく同業の他店舗で修業するなどしてそのリスクを軽減することは可能ですが、サラリーマン時代とはあらゆる面で勝手が違うことに戸惑うケースは少なくありません。

## ■ベンチャー起業／ソーシャルベンチャー

第1章でも触れましたが、サラリーマンが独立を考えた場合、まずベンチャー企業の立ち上げをイメージしがちです。

自分の手腕で新しい商品・サービスで市場を開拓し、事業規模をグングン拡大し、人も増やし、右肩上がりに会社を成長させていくことは、第一線で働いてきたミドルの価値観からすると、成功者と呼ぶべき独立スタイルとも言えるもの。だから、独立を考えると、この選択肢がまず浮かんでくる人が多いのです。企業で新規事業の立ち上げ経験をしていたり、経営企画や事業企画といった経営に絡む仕事をしていた人ならなおさらでしょう。

しかし、一定規模の新規事業を起こす会社を立ち上げるとなると、多額の資金が必要になります。それまでの貯蓄や退職金などをすべてつぎ込むことになるかもしれませんし、それだけでは足りず、金融機関から融資を受けることも必要かもしれません。ベンチャーキャピタル（ＶＣ）から資金調達をした場合には、ＶＣが経営に関与してくることも多く、経営に関する自由度が奪われてしまうこともあります。また、早期に結果を出すことが求められますから、プレッシャーも並大抵のものではありません。

このように、ただでさえリスクが大きい上に、チャレンジングな要素が多いベンチャー起業が成功する確率は非常に低いのが現実です。オフィスの家賃、社員の毎月の給与など固定費も大きく、軌道に乗るまでじっくりと経験値を高めていくわけにもいきません。

## ●サラリーマン的な考え方に染まっていない、20代、30代に適した独立スタイル

また、今まで働いていた企業と同業種で起業するとしても、経営全般に関して指揮を執ることが求められますから、とてもそれまでの経験だけではカバーできません。業界知識や営業経験などは部分的に活かせても、経理や人事、商品開発、法務面などに関してはよくわからないという状態では、早期に混乱が起こります。

そのため、苦手な領域をカバーしてくれる右腕とともに起業する人も多いですが、明確に役割分担ができていないと、船頭多くして船山に上るということにもなりかねません。

加えて、そもそも新しい商品・サービスを掲げてチャレンジするということ自体が未知の領域への挑戦。今までの常識に囚われない斬新な発想が求められる世界です。企業での経験が活かせる余地が少ないどころか、長年の経験で身についた常識が足を引っ張ることもあり、**経験で勝負したいミドル向きの独立スタイルではない**のです（もちろん、サラリ

ーマン時代には活かせなかった独自のアイデアがあるという人なら別ですが）。

そういう意味では、このスタイルはサラリーマン的な考え方にあまり染まっておらず、発想力や行動力に優れていて、失敗を恐れない、または失敗してもやり直せる人生の時間がたっぷりある20代、30代に適した独立スタイルと言うことができるのではないでしょうか。コロナ禍もあり、パラダイムシフトの起きる現代はなおさらです。

## ●経済的に余裕がある人ならば、ソーシャルベンチャーやＮＰＯもあり

少しネガティブなことばかり書きすぎたかもしれませんが、もちろん、すべてを覚悟の上で起業に挑戦することには価値があります。ですから、この選択肢がミドルにとって完全にＮＧというわけではありません。そこは誤解をしないでください。

しかし、ミドルが甘い考えで手を出していい選択肢ではないのも事実。いきなり冒険するのではなく、まずはＦＡ独立によるスモールビジネスから始めてみることだってできます。

何より会社員時代と決定的に異なるのは、資金調達したとて、使うお金はすべて自分の財布から出すということです。会社員時代であれば、会社のお金を使って仕事をしていたわけですから、もし事業が行き詰まっても自分の財産を失うことはありません。あなたの上司の上司である経営層が失脚し、あまたいる株主が少しずつ痛み分けしてくれることで済みます。しかし起業家は結果責任を個人としてすべてとらなければいけません。

例えば製造業の会社員だとすると、研究開発投資は数億円かけることが当たり前かもしれません。ただ、想像してみてください。その数億円を自分が借金して使うとしたら、背筋が凍るのではないでしょうか。もし失敗したら、サラリーマンとしての生涯年収すべてつぎ込んでも到底返せない金額ですから。

昨今は銀行が起業家の個人資産を融資の担保に取ることや個人として連帯保証人とさせることをなくすよう国の指導はあるものの、ベンチャー起業家は、すべて身銭を切って自分がリスクを取ることには変わりありません。

なお、今は社会貢献を目的に、ソーシャルベンチャーやＮＰＯ法人の立ち上げを考える人も増えています。ボランティアや募金・寄付、クラウドファンディングなどが活動の基盤となるこれらの事業は通常のベンチャー起業とは一線を画すもので、事業内容や規模によってはサラリーマンが副業として始めることも可能です。

一方で、ソーシャルベンチャーやＮＰＯ活動一本で生活できる収入を得るのは容易ではなく、その意味でもハイリスクとも言えます。しかし、自分の能力や経験を活かして社会貢献することから得られる働きがいは大きく、経済的に余裕があり、第二の職業人生ではお金にこだわらないという人にとっては十分あり得る選択肢です。

こちらに関しては第３章でもう少し踏み込んで解説することにしましょう。

## ■Ｍ＆Ａ独立

中小企業庁によれば、２０１６年時点で、国内の中小企業・小規模事業者の数は３５７・８万社（企業全体の99・７％）に上ります。これらの中小企業・小規模事業者のうち、２０１６年からの10年の間に70歳を超える経営者が約２４５万人いて、その約半数の１２７万社が後継者未定となっています。

このため、事業自体はうまくいっていても、後継者がいないために廃業する中小企業・

小規模事業者が増えていくことが予想されており、大きな社会問題になっています。

そこで今、国や自治体、さらに民間のM&A仲介会社などが、こうした中小企業・小規模事業者のM&Aを積極的に推進しています。2018年に法人向け事業承継税制が改正され、事業承継がしやすい環境が整備されたことが大きな後押しとなって、M&Aの件数はそれ以前と比べて上昇傾向にあります。

M&Aというと、一般的には企業が企業を買うイメージですが、小規模事業者は、**売却希望価格が数百万円台と安価なケースもあり、実は個人でも「会社を買う」ことができる**のです（＝スモールM&A）。「トランビ」「バトンズ」などM&A仲介サイトも増えており、すでに注目している人も少なくないのではないでしょうか。

## ●良い会社を見つけられるか、いきなり社長になってやっていけるか

このように自分で小規模な会社を買って経営者となるM&A独立のメリットは、事業そのものはすでに存在していること。ビジネスモデルも商品・サービスも工場などの設備も

社員も顧客もすでにあるものを引き継ぐわけですから、ゼロから1を生み出すベンチャー起業と比べると、経営を軌道に乗せるための負担は大幅に軽減されます。

もちろん個人にとっては安くない投資が必要になりますが、数百万円台、あるいは１００万円台という金額なら、貯蓄や退職金を充てることが可能なはずです。

ポイントは、良い会社を見つけることができるかどうかということと、**企業経営の経験がない企業ミドルが、いきなり社長になってすでにできあがっている組織を率いていくことができるかどうか**ということです。

安く買えるということは、規模が小さいという理由だけではなく、赤字経営、ずさんな労務管理といった法的リスクなど何かしら買い手が付きにくい問題を抱えている可能性もあります。また、事業自体が市場を失って先細りしている場合、事業を再生できなければ、会社を買うことで大きなリスクを抱えることにもなってしまいます。これらの要素に関しては、長年の企業でのビジネス経験を活かし、しっかりと見極める必要があります。

次に、経営者としてやっていけるかという点ですが、いくら企業で重ねてきたビジネス経験、マネジメント経験があるとはいえ、その経験値だけで会社経営はできません。

特に**小さな会社の場合、現場で力を持つベテラン社員の力をうまく活かすことができなければ、組織が一気に崩壊してしまうリスクもあります。**

しかし、ベテラン社員がいきなりやってきたよそ者の新社長に素直に従ってはくれないケースは多々あります。ある程度の反発や軋轢は想定しておかなければなりません。それをどう乗り越えるかが、新社長として経営を軌道に乗せるための重要な関門となります。

これらのリスクを軽減するためには、これまでの経験にあぐらをかかず、経営に関して基礎からしっかりと勉強しておくことが不可欠です。特に、財務・会計と人事に弱い人は、そこを強化しておかないと、M&Aする企業を見極める際も、社長となったあとも苦労することになってしまいます。

また、その会社の事業や社員についてよく理解するために、チャンスがあるようなら、**一定期間、報酬は気にせずに副業などでその会社で働かせてもらう**ことをおすすめします。丁稚奉公のようなものです。

## ●企業での経験がプラスに働くケースも

買いたい企業を見つけるには、Ｍ＆Ａ仲介サイトで売りに出されている会社を調べる、Ｍ＆Ａ仲介会社に相談する、都道府県の事業引継ぎ支援センターに相談する、知人・友人・取引先などから情報を得る（「あの会社、良い会社なんだけど経営者が高齢で後継者もいないらしい」といった話は、アンテナを張れば意外と身近にもあるものです）、事業承継問題に取り組んでいる地域の金融機関に相談するといった方法があります。

なお、スモールＭ＆Ａはすべて個人で行うことも可能ですが、デューデリジェンス（投資先や買収先の価値やリスクの評価）などのプロセスに不安がある人はＭ＆Ａの専門家に依頼するといいでしょう。

小規模事業者ではＷｅｂを活用した事業展開ができていない、顧客データを活用できていない、パソコンの導入すら進んでいないといったケースがよくあります。会議の手法なども然り。旧態依然とした非効率なやり方が経営にネガティブな影響を与えていることも少なくありません。その場合、あなたが当たり前にやってきたことをカスタマイズして持ち込むだけで業務改善、業績アップが図れることもしばしばあるのです。

この点はミドルがスモールM＆Aを行う大きなメリットと言えるでしょう。単に事業を今まで通り引き継ぐだけでなく、新たなシナジーを生み出すこともできるのです。

## ●事業承継にあたっては、前の経営者と腹を割って話し合う必要あり

また中小企業、小規模事業者の多くはオーナー経営者です。オーナー経営者はたとえ高齢であったとしても、自分の人生を懸けてきた会社に強い思い入れを持っているものです。そのため、高齢を理由にあなたに譲ると決めたものの、ベテラン社員からの不平不満を聞いたり、会社を離れることに寂しさを感じることがあったりすると、やっぱり手放したくないと考え直すこともしばしば。

また長年の経営者生活で公私混同になっている（株主に親族がいるなど）こともあり、これらプライバシーに関する部分も整理し、どう承継するか（しないか）を腹を割って話し合うことも必要となります。

声高に言わないまでも、あなたが自分の経営理念をしっかり引き継いでくれるかどうかも注視しています。新社長となってからも、しばらくは業務引継ぎを兼ねて会社にいてもらう必要もあるかもしれません。こうした流れを考えると、**お金の面だけでなく、前経営者との相性も重要なM&A独立の成功のカギ**と言えるでしょう。

## ■FC独立

フランチャイズ（FC）とは、フランチャイズに加盟した個人・法人が、フランチャイズ本部からお店のブランド・看板、サービスや商品を扱う権利、経営のノウハウなどを提供されてお店のオーナーとなり、その対価としてのロイヤリティをフランチャイズ本部に支払うというビジネスモデルです。

ＦＣというとコンビニエンスストアがよく知られていますが、そのほかにも各種小売、飲食店、学習塾、介護サービス、建築・不動産、美容、フィットネス、ネットカフェ、さらには無店舗系のハウスクリーニング、ネットショップなど業種は多岐にわたります。

FC独立のメリットは、なんと言ってもゼロからの独立ではないこと。すでにFCのブランド、ビジネスモデルがあり、商品やサービス、ノウハウも確立されたものがあることで失敗のリスクを軽減できます。未経験の分野にチャレンジすることも可能でしょう。

ただし、注意しなくてはいけないのはFCオーナーとはいえ、経営者は経営者であるということです。**「本部の言うことを聞いておけばなんとかなるだろう」と甘く考え、経営者としての自覚がないまま契約すると、痛い目にあう**ことになります。

売上管理や仕入れなどは本部のアドバイスもあるとはいえ、オーナーが責任を持って行わなくてはいけませんし、スタッフを雇用する必要がある事業では人材の採用や教育もオーナーの仕事。さらに契約の範囲内でのサービスの拡充や店舗作り、広告・宣伝などで手腕が発揮できるかどうかが成功のカギを握るからです。

開業資金の問題もあります。経済産業省の「フランチャイズ・チェーン事業経営実態調査 報告書」（2008年）によれば、FC本部が店舗を用意する場合の開業資金の平均は保証金、設備資金、開業時の商品の仕入れ額、研修費などを合計すると2233万円。FCの加盟者が店舗を用意する場合の平均は3280万円です。

自宅を拠点とする無店舗系のＦＣであれば、業種・ＦＣ企業によっては開業資金がほぼ０円でスタートすることも可能ですが、実店舗を構える場合は初期投資がこれだけ大きくなることについては慎重に考えたほうがいいでしょう。

## ●ＦＣ独立で成功する人が必ずやっていること

また、ＦＣ独立特有のリスクも考慮しておく必要があります。

コンビニ業界で一部のＦＣオーナーとＦＣ本部との対立が社会問題化したことがありました。

ＦＣ契約は様々な制約がありますから、常に自分の思うように経営ができるわけではありません。例えば、３６５日、24時間営業を絶対の条件とされていたら、人材不足などでそれが難しくなっても自己判断だけで店を閉めるわけにはいきません。「現実的に無理だから」と契約に違反すれば、多額の違約金が発生することもあります。本部からの24時間営業の強制は、独占禁止法違反になり得ると公正取引委員会が乗り出す事態にもなっています。この問題については多くのＦＣオーナーが追い詰められています。

つまり、契約前に、もし人材が足りなくなった場合にどうするか、自分に健康上の問題などが発生した場合にどうするかといったことも想定して、契約内容を入念に確認し、FC本部と認識の共有、意思の疎通をしっかりと図っておくことが重要なのです。

また、実現がほぼ不可能なビジネスモデルを示して「儲かりますよ」と甘言を弄する、開業資金0円と謳《うた》いながら別名目で多額の金銭を要求する、契約後は十分なサポートを行ってくれないといった悪徳FC企業も中には存在します。そのような業者を見極めるためにも、事前の契約内容の確認は必要不可欠なのです。

独立開業を支援するサービスを展開する株式会社アントレの独立ワークスラボ所長兼アントレフェロー（〝独立した働き方〟特別研究職）である菊池保人氏は、FC独立で成功するためのポイントの一つを次のように説明します。

「契約するまでは徹底してFC本部を疑ってかかり、『どうしてそんなに儲かるんですか？』『どうしてこれだけのお金が必要なんですか？』と、いろいろな疑問をぶつける人のほうが成功する確率は高い。質問に対する回答によって、信頼できる相手かどうかを見極められますから。一方、契約後は本部を信じてやり抜くことが重要です」

契約前に徹底的に疑問点をクリアにすることは、要するに経営者として事前に想定できるリスクを一つひとつ潰していくということ。FC独立を考えている人にとっては大いにヒントになる言葉ではないでしょうか。

## 「経験を活かせること」がなぜ重要か？

さて、95ページのマップに示した第二の職業人生の多様な選択肢について一通り見てきましたが、ここでマップの縦軸・横軸の意味について改めて説明しておきましょう。

縦軸の「経験が活かせる度合い」がなぜ重要なのでしょうか。

企業のミドルにとって、30年前後のサラリーマン生活で培った知識・スキル・経験値は若手にはない大きなアドバンテージです。このアドバンテージを活かせば活かすほど、第二の職業人生の成功確率は高まります。

それだけではありません。「職業人生の後半戦は本当に自分のやりたい仕事に取り組みたい」と考えるミドルは多いと思いますが、「自分にとって働きがいを感じられる仕事とは何なのか」を考える際にも、この「経験が活かせる度合い」が重要な指標になります。「やりたい仕事」と言われると、本章でも取り上げたように、サラリーマン時代の仕事とはまったく異なる「人生の楽園」系の仕事（ラーメン店、カフェ、田舎暮らし&農業など）を思い浮かべる人が少なくないはずです。しかし、そこで思い浮かぶ仕事は、日々のストレスから解放されたい気持ちがダイレクトに反映されていることが実際には多いものです。サラリーマン生活の反動のようなものですね。

しかも、楽園のように思えたやりたい仕事も、未経験ということもあり、実際にやってみると当初思っていたようにうまくいくものではありません。単に憧れていたとき、あるいは趣味で楽しんでいたときにはあれほど魅力的に見えた仕事も、毎月の資金繰りや売上げなどに苦慮する日々が続けば苦痛の源になってしまいかねません。

そもそも、十分にキャリアを積んできたミドルが、「今後20年、30年と続く職業人生の後半戦で何をするか」を、若者と同じように単なる憧れだけで判断してしまっていいものでしょうか。それが本当にあなたのやりたい仕事なのでしょうか。

## ●「これまでの経験を活かせる仕事」のほうが働きがいを感じやすい理由

ここで、企業で働くミドルたちが今まで真剣に考えてこなかった「働きがい」について もっと深く考える必要があります。

人は、**自分だからこそその力を発揮して、人々や社会に貢献することによって働く喜びを得ることができる**ものです。**「あなただからお願いしたい」と必要とされたときに、自分の存在価値を実感する**のです。

もちろん未経験の仕事であっても、努力次第でそのような喜びや存在価値を感じることはできるでしょうが、そこに至る道のりは遠く、その前に挫折する可能性もあります。

しかし、約30年のキャリアを通して培ったものを活かせる仕事であれば、より早くその域に到達できます。そこにこそ、本当の「働きがい」があるのです。

この「働きがい」こそが、職業人生後半戦を生きていくためのモチベーションの源泉。つまり、人生１００年時代に長く働き続けるための原動力となります。

マップの縦軸が重要な理由はそこにもあるのです。

## 「本当の意味でのリスク」とは何か？

次に、マップの横軸、リスクの大小についても掘り下げて考えてみましょう。

すでに説明した通り、私はサラリーマンとして保証されていた（正しくは、保証されているように見えていた）安定した収入が得られなくなることをリスクとは考えていません。

そもそも、「毎月決まった日に安定した給与が振り込まれないと不安になる」のは、サラリーマンの呪縛です。収入をフロー思考でとらえる習慣が染みついてしまっているだけです。

考えてみてください。自分で小規模事業を営んでいる人たちには、そもそも安定した月々の給料などありません。毎月の収入は変動するのが当たり前。年間トータルで考えればそのような変動は誤差に過ぎません。お金について貯蓄なども含めたストック思考で考えることができれば、毎月決まった給料がなければ生活できなくなるということもありません。

人生の後半戦、高収入にこだわることも賢いこととは言えません。皆さんは企業で高収入を得るためにどれだけの犠牲を払ってきたでしょうか。多大なストレスに耐え抜き、「忍」の一字で生き抜いてきたはずですが、人生の後半戦でもそれを続けるのでしょうか。

それよりも、仕事やワークスタイルを見直し、新たな働く喜びを見つけ出したほうが、第二の職業人生は幸せなものになるはずです。

収入が下がれば、それに合わせて生活レベルを見直せばいいこと。簡単ではないかもしれませんが、決してできないことではありません。

付け加えると、社内で得てきた肩書きやポジションが失われることもリスクではありません。そこに大きな価値があると考えること自体が長年刷り込まれてきた昭和の残像なのかもしれません。

## ●「1社に依存するリスク」は思っている以上に大きい

では、職業人生の後半戦で本当の意味でのリスクとは何なのでしょうか。私は次の3つを重視します。

### ①手持ちの資産を大幅に失うリスク

独立して新たに事業を始める場合、すぐに軌道には乗らない可能性は十分にあります。というより、すぐに軌道に乗らないのが普通と考えたほうがよいでしょう。リカバリーが利かず、失敗に終わることも想定しておかなくてはいけません。その場合でも、貯蓄や退職金などのストックが十分にあれば、しばらく凌ぐことができます。

しかし、多額の初期投資を行った事業がうまくいかず、ストックを大幅に失った場合、さらには借り入れをしていた場合は、リカバリーが難しくなり、その後の生活にも大きく影響します。このリスクはできるだけ避ける必要があります。

### ②収入源を1社に依存するリスク

本章で説明してきた通り、先行き不透明なこの時代、1社に依存することには、ある日突然すべての収入が断たれてしまう可能性がつきまといます。このリスクは、収入源を複数に増やすことで解消するべきというのが私の考え方です。

### ③ストレスを抱え続けるリスク

1社に依存するリスクは金銭的な問題だけではありません。所属している組織に自分の人生のハンドルを握られ続けることから生じるストレス、合わない上司との関係から生じるストレスなど、精神的なストレスを受け続けることも、生き生きと第二の職業人生を謳歌することを妨げるリスクとなります。

どんな仕事をするか、誰と組むか、どの顧客を相手にするかなどを、自分で自分の人生のハンドルを握って判断できる余地が大きいほど、このリスクは軽減できます。

マップの横軸は、この3つのリスクを総合したものととらえてください。当然、総合的なリスクが小さい右側の領域を狙うべきです。

## ミドルに最もおすすめの選択肢は「FA独立」

縦軸・横軸の意味を踏まえて、改めてマップを見直してみてください。経験が活かせる度合いが高く、リスクが小さい右上の領域、そう、FA独立こそが、真面目に働いてきたミドルにとって最良の選択肢であることがわかるはずです。

雇用延長は1社依存から脱却できず、転職は年齢を重ねるごとに選択肢が狭まってしまう。ベンチャー起業や自分の店独立はリスクが高すぎるといったことを考えると、FA独立に続く選択肢の候補は、FC独立、続いてM&A独立となります。

### ●独立する人の半数以上は、実はミドル・シニア層

「50歳前後、はたまた定年後の60代での独立はタイミング的に遅いのではないか」と考え

## 起業家の年齢別構成の推移

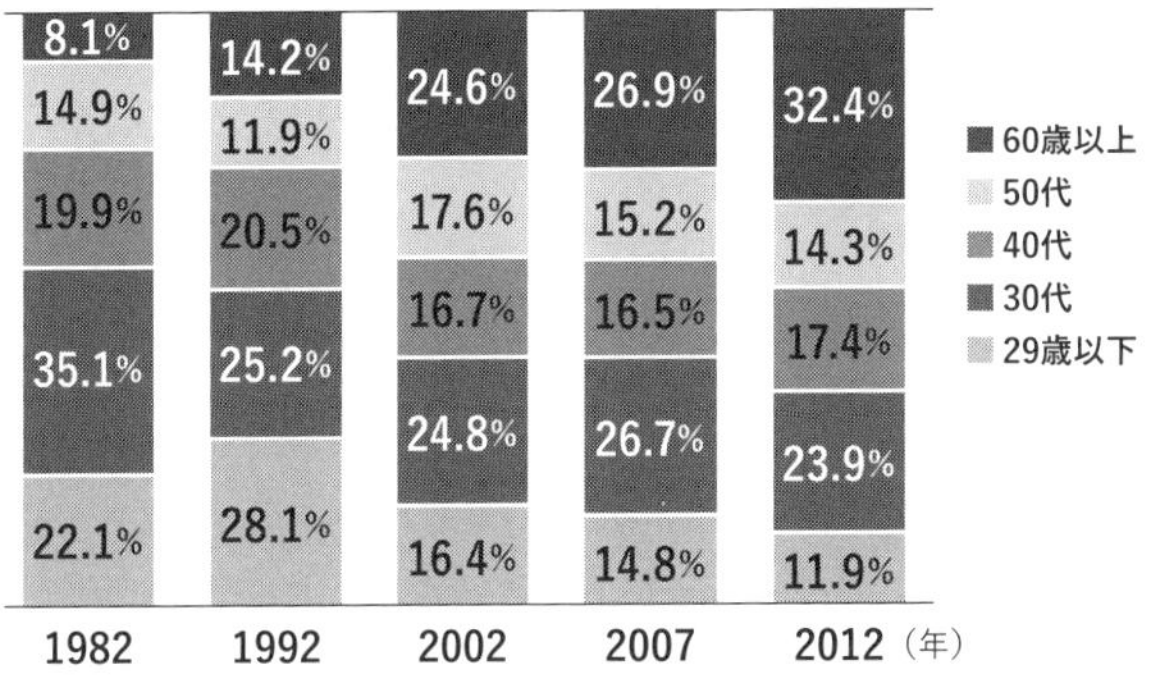


出典：中小企業庁「中小企業白書 2014」に掲載の図をもとに作成
注：ここでいう「起業家」とは、過去1年間に職を変えた又は新たに職についた者のうち、現在は自営業主（内職者を除く）となっている者をいう

る人もいるかもしれません。しかし、上図を見てください。少し古いデータにはなりますが、**起業家の年齢層の変化を見ると、年々ミドル・シニア層が増えてきている**ことがわかります。２０１２年は50代、60代が全体の４６・７％を占めています。

公的な統計では日本には３４１万人（内閣府２０１９年）から３９０万人（労働政策研究・研修機構２０１９年）規模のフリーランスがいると試算されていますが、リクルートワークス研究所「データで見る日本のフリーランス」（２０２０年３月）では、「本業」をフリーランスとして働いている人は約３２４万人で、１年間で約19万人増加しています。

さらに興味深いのは、フリーランスで働く人たちの人物像です。平均年齢55・4歳で、男性が78・6％。50歳以降の男性が54・8％と過半を占めています。

昨今では、YouTuberなどネットで稼いだり、ウーバーイーツの配達で自転車で走り回る若者や、好きなことを仕事にする女性などがよく話題になるので、**フリーランスは20～30代の若者や女性が中心かと思いきや、実態はスキル、技術、経験を蓄えた50代以降の男性が中心**なのです。そう、経験を重ねてきたミドル・シニア層こそがフリーランスの主力を形成しているのです。

社会も経験を活かして手堅くビジネスを展開できるミドル・シニア層の独立には期待しています。ＦＡ独立は自己資金の範囲内による、かつ最小限の初期投資での独立スタイルですが、仮に金融機関から融資を受けるとしても、経験が浅い若手よりはミドル・シニア層のほうが信頼度は高く、融資は受けやすいのです。ミドルの皆さんの独立は社会的に望まれていることと言っていいでしょう。

それを踏まえて改めて前ページの図を見ると、60代以上の起業家の割合が増えているのに対して、50代は伸びていないことがわかります。定年後のシニアはすでに組織の縛りもないため自分で事業を立ち上げる決断もしやすいですが、サラリーマン生活終盤の50代は安定した収入を捨ててまで独立を選ばないということを意味しているのでしょう。

しかし、繰り返しますがこれは２０１２年の調査です。今や50代サラリーマンの置かれている立場は、２０１２年当時よりも厳しいものになっています。給与ダウンはもちろん、リストラリスクも年々増大している中、ミドルを企業に縛る要因はどんどん弱くなってきています。何より60歳で独立するとしても、準備は50代で始めておくべきです。

10年ほど前であれば、「とはいえ会社を辞めるのはもったいない」という考え方がまだ主流でしたが、これからは会社に居続けることがリスクになる。しかも、コロナ禍が変化のスピードを加速させましたよね。これらを踏まえれば、ミドルの独立はもっと増えてしかるべきだと私は考えています。

## ●独立後、「会社員に戻りたい」人はわずか７％

ＦＡ独立、Ｍ＆Ａ独立、ＦＣ独立はいずれも、自分の人生を自分でハンドリングできる働き方であることが大きな魅力です。そこには働き方を縛る会社のルールも、うるさいことを言う上司も存在しません。すべては自分で決めることができるのです。

組織の指示命令系統の中で働くストレスから解放され、自分の選んだ仕事に打ち込めることがどれだけ人の精神に大きな影響を与えるかを示す興味深いデータがあります。

140〜141ページの図は、いずれもアントレが脱サラ独立したミドルに対して実施したアンケートの回答をまとめたものです。

まず右上の図を見ると、退職前年収より独立3〜5年後年収は減っていることがわかります。それを踏まえて右下の図を見てください。「会社員に戻りたいですか?」という質問に対し、独立後は年収が減っている人が多いはずなのに、「戻りたい」と回答した人はわずか7％に過ぎません。実に**71％の人が「戻りたくない」と回答**しているのです。

その理由を示すのが左上の図です。独立後、「仕事が楽しい」と感じている人が80％、「自発的、積極的に生きている」と感じている人が76％に上ります。

左下の図は、同じくアントレが実施した調査で、ミドル層の独立経験者と転職経験者それぞれに、独立後、転職後の気持ちや状況の変化について尋ねたものです。「自由な」「前向きな」「自由な時間が増える」「やりたい仕事ができる」「仕事の幅が広がる」といった項目で、独立組が転職組を大きく上回っています。転職と比べても、独立はより多くの自由とやりがいを得られる選択肢であることが読み取れます。

## ●独立は人生後半戦をより楽しく、自分らしく生きるための前向きな選択

またリクルートワークス研究所「データで見る日本のフリーランス」によると、年代が上の層ほど「仕事と生活の両立ストレス」を感じなくなっていく傾向も明らかになっています。ストレスを感じている割合は、20代で78・0％、30代で65・0％と高率ですが、60代になると39・2％、70代では37・3％と半減するのです。やはり収入には代え難い、自分らしいキャリアをつかんでいるからではないでしょうか。

また2章の冒頭でもお話ししたように、独立した「ひとり社長」は、見かけの年収以上に可処分所得は多いものです。

これらのデータも踏まえれば、次のように言うことができるはずです。

## 退職前より年収は減っているが…

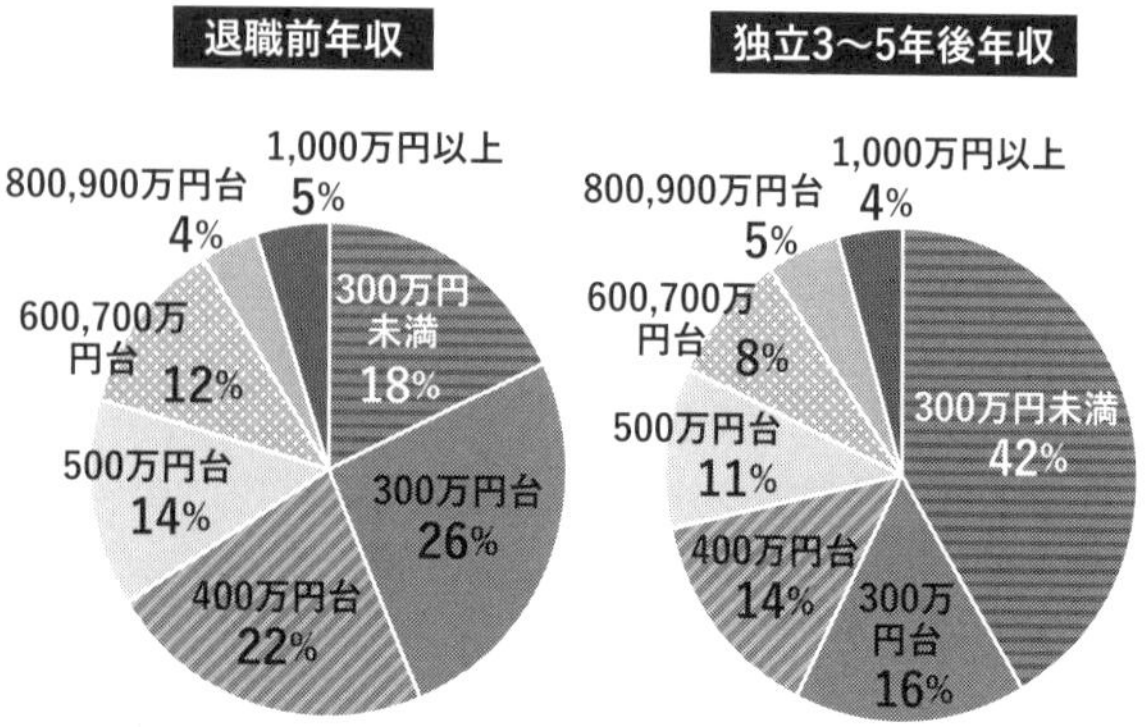


出典：アントレ2016冬号　脱サラ309人「お金と仕事」白書より

## 会社員に「戻りたい人」はわずか7%

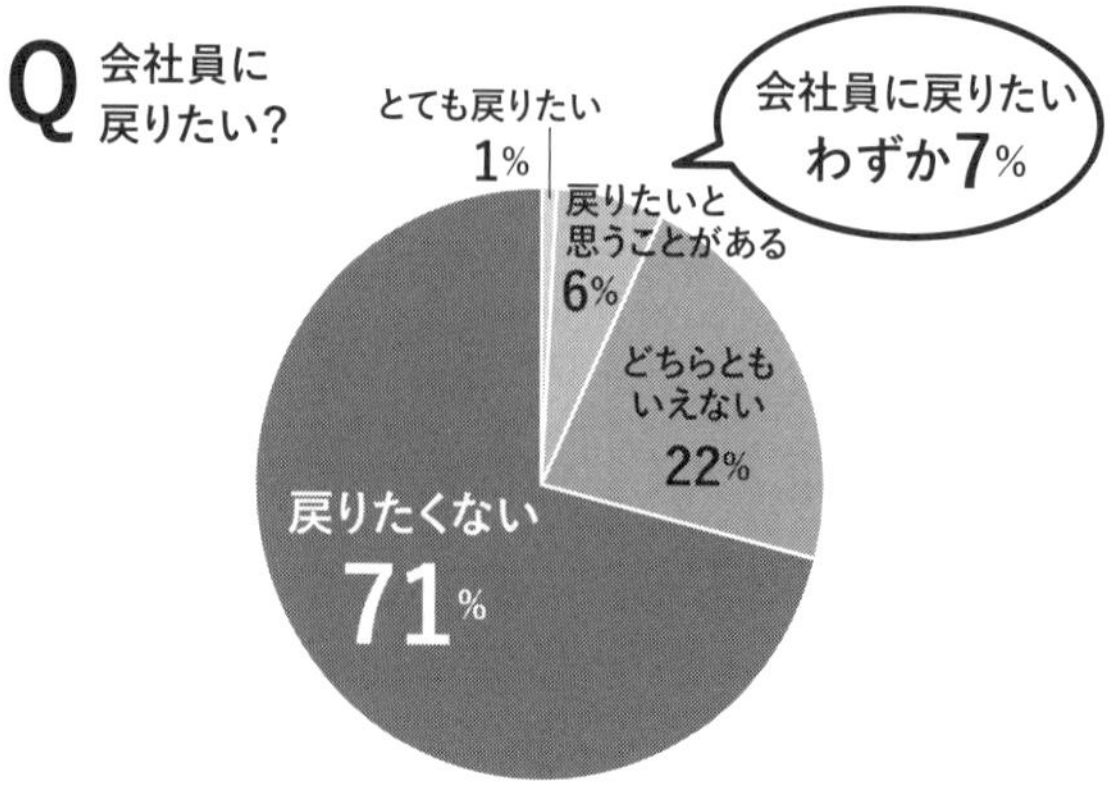


出典：アントレ2016冬号　脱サラ309人「お金と仕事」白書より

## 独立後のほうが仕事が楽しい人が8割

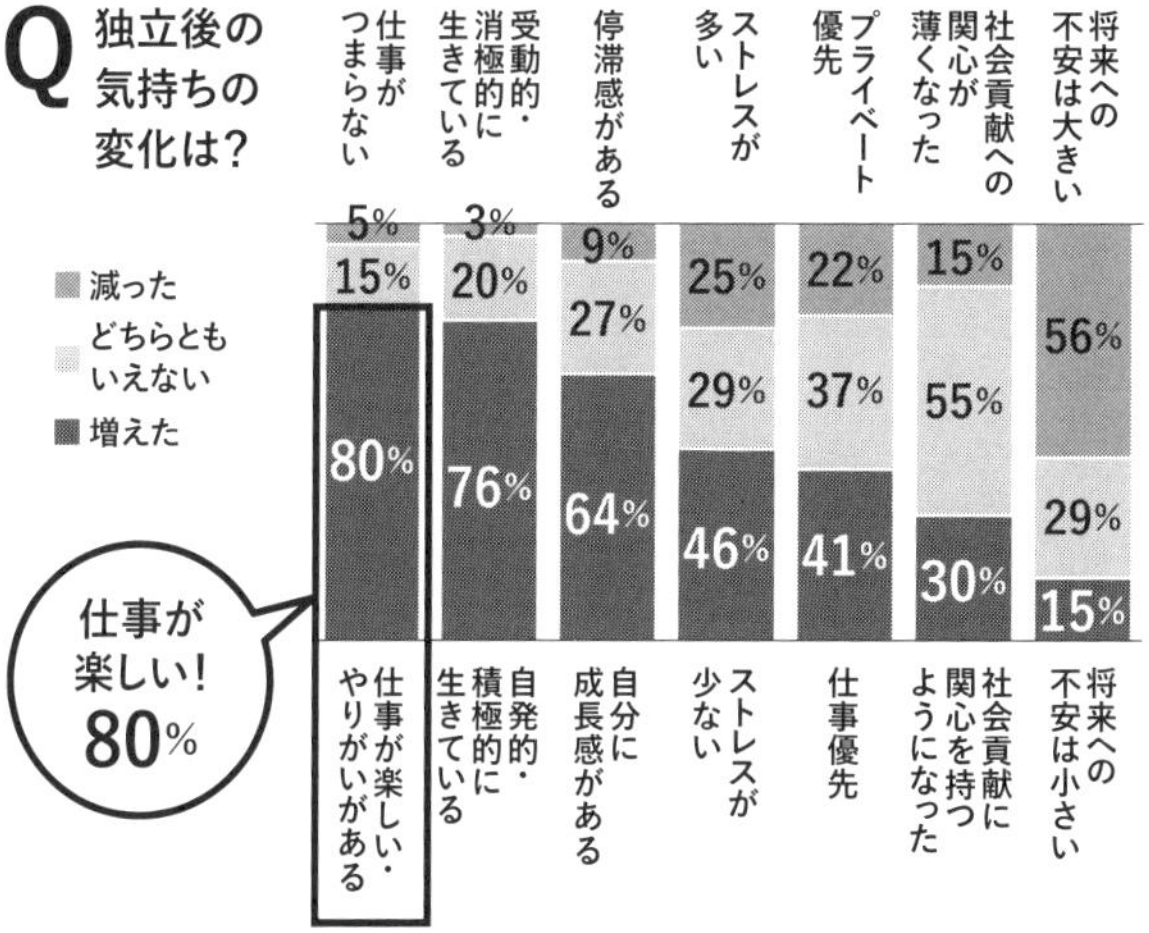


出典：アントレ2016冬号　脱サラ309人「お金と仕事」白書より

## 転職よりも独立のほうが、「やりたい仕事ができる」と感じている人が多い

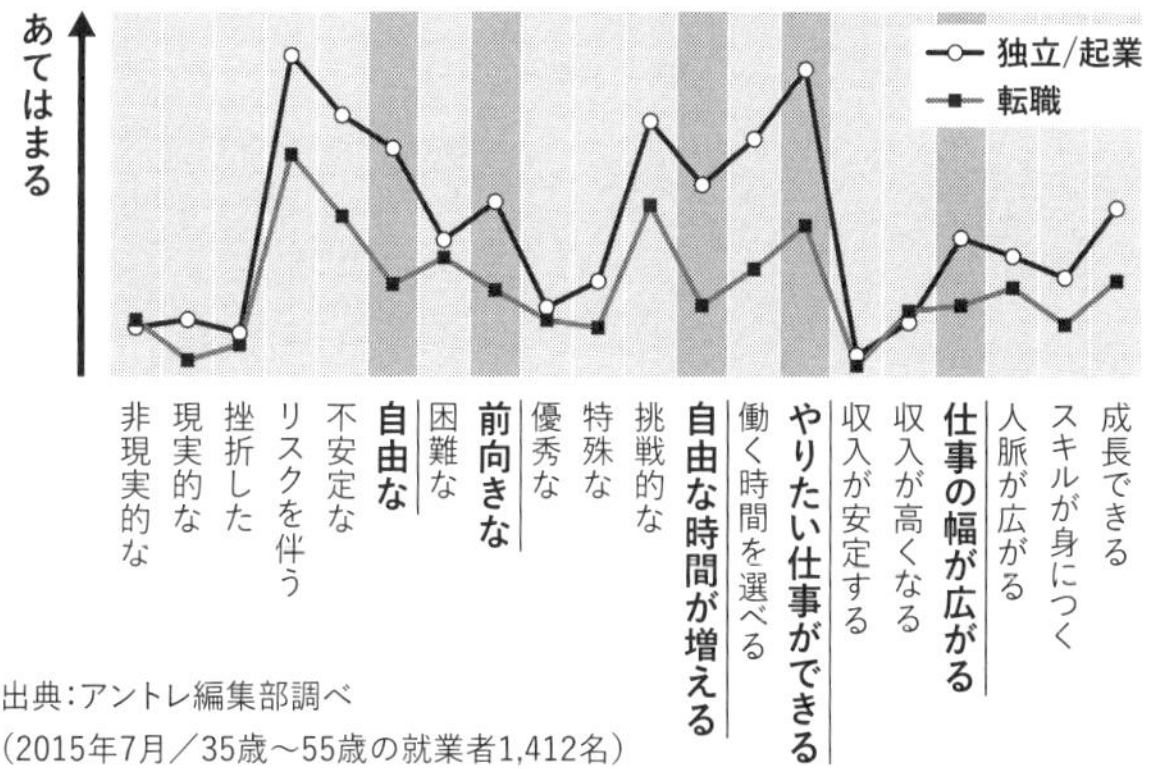


出典：アントレ編集部調べ
（2015年7月／35歳～55歳の就業者1,412名）

**ミドルの独立は、決して追い詰められた結果の消極的な選択肢ではなく、人生の後半戦をより楽しく、自分らしく生きるための前向きな選択肢**であると。

中でも、リスクを最小限に抑え、経験を最大限に活かすＦＡ独立は、最有力の選択肢なのです。

# 第3章

## あなたが目指すのは、どの独立スタイル?

### ――FA独立の7つのパターン

ミドルの第二の職業人生の選択肢のうち、最もおすすめなのは、経験が活かせてリスクの少ないＦＡ独立です。本章では、より具体的にイメージしていただくために、**ＦＡ独立の代表的な7つのパターン**についてさらに詳しく説明していきましょう。

## 【1】今の会社で正社員から業務委託に切り替える

### ●「社員が個人事業主として独立すること」を支援する企業も出てきた

まず紹介しておきたいのが、「今の会社で同じ仕事を続けつつ、契約形態を正社員から業務委託に変更する」というパターンです。自分で新たな事業を起こすことにまだハードルの高さを感じている人であっても、比較的スムーズに「独立」を実現できる方法です。

「そんなことができるのか？」と思った人も多いと思います。もちろん会社の制度次第という面はあるのですが、業界・職種によっては、キャリアを重ねたミドルがいったん退職し、業務委託で働き続けることが可能な会社はすでにあります。

序章でも触れたように、高年齢者雇用安定法が改正され、「高年齢者が希望するときは、70歳まで継続的に業務委託契約を締結する制度の導入」が、２０２１年の4月から企業の努力義務に加わります。**国もサラリーマンの雇用延長のみではなく、この業務委託による独立を支援するように政策転換している**のです。

例えば、私が在籍していたリクルートでは、メディアの編集制作スタッフなどが「正社員→業務委託」というキャリアを選択するのは珍しいことではありません。編集者やライター、クリエイティブディレクター、ＩＴエンジニアなどスペシャリスト系の職種には親和性が高い選択肢です。ただ、今後は専門職以外にも広がっていく可能性があります。

注目すべきなのが、正社員から業務委託へ契約形態を変更する制度を戦略的に導入し、話題になっているタニタの事例です。

同社は２０１７年に、希望する社員が個人事業主として独立することを支援する制度を導入しました。この制度のポイントは、独立後もそれまで担当していた会社の仕事を引き続き業務委託で請け負う点。同じ仕事を続けながらも、個人事業主ですから、労働時間は自分でコントロールでき、自分の裁量で他社の仕事を請け負うこともできます。契約期間は3年で、契約は毎年結び直されます。２０１９年度時点で26人がこの制度を利用し、独立しているとのことです。

「体のいい人件費削減策なのでは？」と感じた読者もいるかもしれませんが、タニタの狙いは違います。むしろ、社員のやる気を喚起し、主体的・自律的に働いてもらうための施策。まさに本書が提唱するＦＡ独立の考え方に一致するものです。

## ●「会社にいるのに仕事がない」雇用保蔵者が４００万人もいる

このような独立支援制度は会社・個人の双方にメリットがあるため、今後、業種を問わず、多くの企業に広がっていくのではないかと私は見ています。

まず会社にとってのメリットは、雇用保蔵者（企業に雇われ、給料はもらっているが、それに見合うほどの仕事がない人）を削減できることです。現在の日本では、企業が正社員を解雇することは非常に難しいのですが、個人事業主としての契約であれば、1年単位で（あるいはタニタのように複数年単位で）契約を結ぶことで、仕事がない人員を雇用し続けるリスクを回避できることになります。

終身雇用が当たり前と考えている人にとってはドライで厳しい環境に思えるかもしれませんが、雇用保蔵者を大量に抱えることは企業の経営を圧迫します。

リクルートワークス研究所の調査・研究によれば、２０１５年時点の雇用保蔵者は４０1万人に上ります。実に就業者の15～16人に1人は「会社にいるのに仕事がない」ということ。しかも、悲観シナリオでは２０２５年には４９７万人まで膨れ上がると予測しています。

一方、就業者数は２０１５年から５５７万人減少し、５７１７万人になるとしており、なんと11～12人に1人は雇用保蔵者になるかもしれないのです。これはとんでもない数字で、とても健全なことだとは言えません。そんなバカげたことが起こるはずがない、自分は雇用保蔵者にはならないだろう、と思う人もいるかもしれませんね。

しかし実際にはその厳しい予測は2025年を待つことなく、もう現実化しています。引き金はコロナ禍。2020年4月の休業者が597万人にまで激増したのです。これは過去に類を見ない大惨事です。仕事がないと休ませられている休業者は、雇用保蔵者の一部顕在化だとも考えられます。

その後減ってきてはいるものの、7月時点でも220万人が休業しているのです。ミドルにとって「飼い殺し」のような雇用保蔵は自己尊厳がひどく傷つけられるでしょうし、当然ながら会社にとってもデメリットが大きいのです。

## ●日本企業は雇用を守る代わりに、社員の働きがいと企業の変革を犠牲にしてきた

独立支援制度の会社にとってのもう一つのメリットは、年功序列によって右肩上がりに上昇してしまったミドル社員の給与を業務内容に応じた適正な報酬に見直せることです。

これも、従来の日本型の年功序列をベースにした給与制度に慣れ親しんできた人にとっては一見ひどい話に思えるかもしれません。しかし、現在の給与は年功序列で若いころに

抑えられてきたぶんを後払いで上乗せされたものであり、現在の仕事の成果に対する時価ではありません。早期退職や定年退職をしたら退職金なども含めていったん精算は済んでおり、独立したら時価で報酬をもらうようになるわけです。

しかも、あなたもなんとなく感じているかもしれませんが、年功序列と言いながら、**「ひと世代ふた世代上の先輩が50歳前後の管理職だった当時と比べて、現在の自分の給与はそれほど増えていない」**ということはありませんか。

残念ながら、その感覚は正しい。１９９８年に５４４万円だった世帯年収の中央値は、２０１７年に４２３万円まで激減しています。しかも税や社会保険料も増加しているため、手取り金額はさらに減っています。平成の30年間の間に私たちはどんどん貧しくなったのです。昨年までアジアをはじめ世界中から観光客がたくさん訪れていたのは、日本の観光資源が素晴らしいからのみならず、「安く旅行できる」からだったのです。

なぜこうした事態に陥ったのでしょうか。それは終身雇用、年功序列といった日本型雇用、そこで増えてきた雇用保蔵者の問題と無関係ではありません。それどころか根本原因だと私は考えています。

日本は解雇規制が厳しいため、企業は正社員の雇用を守らなくてはいけません。どうやって雇用を守ってきたかといえば、給与の伸びと新規採用をできるだけ抑えて、個々人の意向や適性を鑑みずに配置転換して守ってきたのです。

配置転換された人の中には、実質的な仕事がない雇用保蔵者も多数含まれていたはずです。つまり、**社会や顧客の変化に対応しきれなくなったスキルを持つ社員を、本人が向いていない仕事に無理につかせて凌いできた**場合も多いのです。

その結果、働く個々人は〝やらされ感〟いっぱいで苦手な仕事に面従腹背で励み、企業としては事業構造を変革させることも生産性を上げることもできずにきてしまったといえます。その場その場は凌げても、長期的には働く人たちのモチベーションを下げ、企業の低迷、失われた平成の30年を生み出したわけです。この間、日本企業も経済も世界的に影響力を失ってきたことは今さら説明するまでもありませんよね。そのうえ、各種調査で、日本は世界的に仕事満足度が最下位を争うという不名誉な事態にも陥っているのです。

## ●自分と家族の未来のために、「会社に依存しない働き方」を実現する

こう考えていくと、「業務内容やパフォーマンスに見合わない高い給料をもらい続ける権利が保証されないと納得できない」というのは、本来おかしな話です。

その意味で、企業が給与に関して「明朗会計」を推し進めるのは、経営の健全化のために必定ですし、社会が発展するためにも私は間違ったことだとは考えていません。

そして、制度を活用した社員が会社に依存しない働き方を実践することで、組織が活性化されるというのが会社にとっての最大のメリットでしょう。いま盛んに言われる「ジョブ型雇用」というものの正体がこれです。キャリアの浅い若者に適用するのは酷ですが、ミドルは受けて立つべきでしょう。

変化は待ったなしでもあります。コロナ禍で経営危機が深刻化し、雇用を守るどころか、会社そのものがもたなくなっているところが急増しているのです。

何より、**プライドがボロボロになってまで雇用保蔵者として会社にしがみつき、最悪の場合は会社と一蓮托生でコロナ破綻していく道は、あなたにとって幸せなのでしょうか。**

勇気を出して気持ちを切り替えて、自分の持ち味を活かし、目まぐるしく変わり続ける時代の変化にしっかり目を向けて、新しいスキルを学び追加していくことで、職業人生のこれからを生き延びていくこと、さらには働きがいある仕事をつかむために独立を目指すことが、自分と家族のためなのではないでしょうか。

繰り返しますが、例として示したタニタは、雇用保蔵者対策、人件費削減策として、この独立支援制度を導入したわけではありません。しかし、大々的に導入できれば、結果として組織活性化を図りつつ、昭和型組織が抱える先述の問題解消にもつながる仕組みであることは確か。だからこそ、関心を示す企業は少なくないはずです。

一方、**個人にとってのメリットは、組織内の上下関係に縛られず、個人事業主として、請け負う仕事も労働時間も自分で決められること**です。

また、収入面のメリットもあります。タニタの場合は、基本報酬として社員として受け取っていた給与・賞与に、会社が負担していた社会保険料、通勤交通費、福利厚生費などを加えた額が支払われます。つまり、手取りは社員時代より増えるということです。また、他社の業務を請け負うこともできるので、自分の頑張り次第で収入をさらに増やすことも可能です。

社会保険料や税金は自分で払うことになりますが、個人事業主なので業務にかかった費用を経費として計上もできますから、サラリーマン時代より節税することもできます。会社を設立すればさらに裁量が大きくなることは第2章冒頭で説明した通りです。

もちろん、今後、同種の独立支援制度を導入する企業がすべてタニタと同様の報酬システムを採用するとは限りませんから、そこは制度内容をじっくりチェックすることが必要です。しかし、常に業務内容やパフォーマンスに見合った報酬を得ることは、働く個人にとっても、自分の価値を客観的に把握し続け、モチベーションをキープできるというメリットが大きいといえます。

## ●もともと在籍していた会社以外の業務の割合を、徐々に増やしていく

さて、ここまで、正社員から業務委託に契約変更することについて、メリットの側面から説明してきましたが、私は何も「そうしたほうがお得だから」という理由だけでこの選択肢をおすすめしているわけではありません。

これまでの仕事を業務委託で請け負う働き方に切り替えることは、経験を活かしつつ、

1社依存から脱却するFA独立の最初のステップとして位置づけることができます。それこそがこの選択肢を選ぶ最大の目的です。

せっかく個人事業主として独立しても、それまで在籍していた会社の下請け的な業務しかしないのでは、第二の職業人生の広がりがありません。大切なのは、徐々に他社の業務の割合を増やしていくこと。最終的には、もともと在籍していた会社の業務が、自分が手掛ける仕事の一部になるような顧客バランスを作っていくことが重要になります。

また、**もともと在籍していた会社の業務委託メインで働いている期間は、本格的FA独立に向けたトレーニング期間**ともなります。個人事業主として社外の仕事を獲得する営業スキル、労働時間の配分を自分でコントロールする感覚、収入や経費の管理能力などはこの期間に実践で養っておきましょう。

## ●「上司を顧客と考える」意識改革が、ストレスの解放にもつながる

加えて重要になるのが、「上司を顧客と考える」意識改革です。独立すれば、もはや上司は一方的にあなたを管理し、命令する存在ではなく、あなたに仕事を依頼する顧客とな

ります。そうなると、あなたには、顧客の満足度を高めるためのサービスが求められることになる。ここは重要なポイントです。

「上司と性格的にソリが合わない」「上司が成果ばかり見て、自分の陰の努力を適切に評価してくれない」といったサラリーマン特有の不満も、相手が顧客となると話は別です。

独立当初は、性格的に合う人にしかサービスを提供しないというわけにはいきません（実績を積めば、顧客を「選ぶ」ことも可能になりますが、最初のうちはそうもいかないので）。ましてや、顧客が成果しか見てくれないことなど当たり前の話です。

つまり、上司との関係を「サービスの提供者と顧客」という契約に基づいた取引関係に置き換えることが必要になるのです。このように割り切れば、「合わない相手をどう納得させるか」「相手が満足する成果をあげるにはどうすればいいか」といった工夫や努力に自ずと意識が向くようになります。

**日本企業特有のウェットな人間関係に苦しめられてきた人にとっては、この意識改革はきっとストレスからの解放にもつながる**はずです。

## 【2】自宅を事務所にしてスポットコンサル・顧問を目指す

### ●会社では「当たり前にやっていたこと」が実は武器になる

次に紹介するのは、自宅を事務所として複数の顧客を対象にスポットコンサルティング、そこから派生して顧問業務を行うFA独立のスタイルです。

「コンサルタントができるほどの専門性が自分にはない……」と思った人もいるかもしれませんが、何も大手コンサルティングファームと同じフィールドで勝負しようというわけではありません。むしろ、**大手コンサルティングファームがカバーしていないニッチなフ**

**イールドをこそ狙っていく**のです。

企業でキャリアを重ねてきたミドルであれば、業界知識はもちろん、様々な業務に関するノウハウを持っているはずです。例えば、エクセルを使った顧客データの管理や活用、会議のファシリテーション、部下のマネジメントなど、長く続いてきた企業では一つひとつの業務に先端的で効率的な手法が導入されていることが多いものです。

企業で働いてきたミドルにとっては、これらは当たり前に身につけていること、やっていることであって、特別な知識・ノウハウという実感はないかもしれません。しかし、他業界や中小企業にとっては、これらに大きな価値があることが多々あります。

世の中の会社の９割以上は中小企業です。つまり顧客候補になる会社は膨大にあり、かつあなたは一人で独立して仕事をするわけですから、すべてを相手にする必要もありません。ニッチな専門性や経験値で、数社でも顧客になってもらえれば十分のはずです。

もちろんサラリーマン時代のやり方そのままではうまくいかない場合もありますから、中小企業の事情に合わせてカスタマイズする必要がありますが、実際にその業務・手法を実践し、失敗したり、改善したりしてきた経験は確実にあなたの武器になっていきます。

## ●「中小企業側のニーズ」と「あなたの強み」が合致する点を見つけよう

相手が中小企業であっても、経営全般のコンサルティングとなると、長年の管理職経験だけで対応することは容易ではありません。しかし、顧客の相談に乗る中で、例えば「会議で若手からなかなか意見が出てこない」といった悩み事が出てくれば、そこに対して「運営を工夫してみましょう」と、自分の経験を活かしてピンポイントの解決策提案ならできるはずです。それをコンサルタントとしてのビジネスの種にしていくのです。

このようなスポットコンサルティングを展開していくためには、顧客に対して自分の売りを明確に示すことが重要になります。そのため、まずは自分のキャリアを棚卸しし、自分に何ができるのか、自分が何のプロフェッショナルなのかを整理すること。ここがぼんやりしたままだと、顧客があなたを選んで仕事を依頼するフックができないからです。

繰り返しますが、そこで**他人にはない特別な経験にこだわる必要はありません。当たり**

**前にやっていたことでいい**のです。上司として長年部下のマネジメントに取り組んできたのであれば、その中でどのようなマネジメント手法を実践してきたのか、どのような成果をあげてきたのかを整理していくのです。それこそ、エクセルを活用した顧客管理といったレベルまで含めれば、いくつもの強みを掘り起こすことができるはずです。

同時進行で、今までの人脈を活かして、できるだけ中小企業経営者の話を聞き、中小企業の現場の問題点、経営者の悩みなどを調べていきます。

それによって、中小企業側のニーズとあなたの強みが合致する点が見つかれば、それがあなたの専門分野になっていきます。

## ●未経験の領域であっても即「お任せください」と答え、帰ってから猛勉強する

ただし、この専門分野に固執しすぎることは避けなければいけません。実際に中小企業を顧客に仕事をするようになると、顧客から当初掲げた専門分野の範囲を超える相談を受けることも多くなるからです。特に独立当初は、相談された仕事はがむしゃらになんでもやる覚悟で柔軟に対応したほうがよいでしょう。実はそこにこそ鉱脈があるということも

往々にしてあるのです。

ですから、コンサルタントとしての仕事を始めた当初は、顧客の要望にはできるだけ幅広く応えるよう意識してください。極端に言うと、**新しい仕事を依頼された際、未経験の領域があっても即「お任せください」と答え、帰ってから猛勉強し、人脈をたどって知恵や助けを求めたりしながら、やり遂げる**くらいでちょうどよいかもしれません。

こうした努力が時代の変化に対応した専門性を磨き、稼ぐ力につながります。勉強をして専門性を補強しながら、そこにあなた自身の経験を掛け合わせて顧客の課題を解決することができれば、それがあなたの新たな専門分野となる可能性も十分にあるのです。

## ●「なんでも屋」「単なる話し相手」にならないように注意

このスポットコンサルティングと並行して獲得を目指したいのが顧問顧客です。

つまり、スポットで終わらずに1年契約など継続的に支援を続ける顧客を作っていくのです。単発で終わらずに毎月いくらという報酬が得られるようになれば、経営を安定させることができ、精神的安定も得られるでしょう。顧問先企業が数社あり安定収入を得ながらら、スポットで売上げを積み上げるのが先々の理想的な経営状態といえます。

なお、矛盾するようですが、「なんでも屋」になってしまうことは避けなければいけません。中には雑務のようなことも含めて、あなたを便利に安く使おうとする経営者もいます。それをすべて受けていると、コンサルタントとしての経験値を高めることにつながりませんし、1社に労力がかかりすぎてしまい、「顧客の数を増やしてリスクを分散する」というFA独立の本来の狙いからも遠ざかってしまうからです。

先述したように、独立当初は顧客の信頼を得るため、雑務に近いような仕事、報酬につながりにくい頼まれ事をあえて受けることも大切です。しかしこれらの過程で複数の顧客から信用を勝ち取り、自信を持って仕事を請けられるようになってきたら、そこからは徐々に、**「専門外であってもコンサルタントとしての鉱脈探しや経験値アップの学びにつながることであれば積極的に受ける。そうでない仕事はできるだけ断る」**というスタンスを固めていくようにしましょう。

また、中小企業経営者は実に多様な悩みを抱えていますから、頼りにされて相談に乗り始めると、相談ばかりが延々と続くというケースもよくあります。もちろん相談に乗ることで、こちらが提供できるサービスの提案にもつながっていくので大事なことではあるのですが、単なる話し相手という位置づけになってしまっては、仕事として発展していきませんし、これも1社あたりにかける時間が多くなりすぎるという問題が起こります。私も独立当初、午後一番に自宅オフィスに相談に来られた経営者の悩みを聞いていたら、日が暮れていたという経験があります。

ですから、**顧客の話を聞きつつも、こちらの事情をうまく伝え、自分が単なる相談相手ではないことを相手に理解してもらう**ことが必要になります。そこは長年ビジネスの現場で経験を積んできたミドルの対人能力の活かしどころとも言えるでしょう。

## ●大手金融機関から経営コンサルとして脱サラ独立したBさんのケース

ちなみに、サラリーマンの感覚のままでビジネスの算盤《そろばん》勘定を考えて、この仕事を選ぶ見極めタイミングを見誤り、顧客の開拓どころか、せっかく獲得した仕事も打ち切られることが往々にしてあります。転ばぬ先の杖のためにも、脱サラ独立したBさんのエピソードをご紹介しましょう。

国立大学を卒業し新卒入社した大手金融機関で28年働いてきたBさんは、50歳を迎えるのを機に経営コンサルタントとしての独立を決断しました。年収は１０００万円をゆうに超えていましたが、今後は役職定年などで下がっていくことが見込まれていたからです。

在職中に中小企業診断士の資格を取得し、独立開業セミナーにも足しげく通うなど、持ち前の緻密さから周到な準備も重ねてきました。用心深く独立後の収支を計算し、極力リスク回避できる事業計画も立て、固定費を抑えるべくシェアオフィスで開業しました。

前職時代に接点のあった知人などからの紹介もあり、独立当初から顧問先として中小企業2社を持つことができ、幸先のいいスタートでした。大手企業時代の経験を活かし、初めての顧問契約でも、提供する業務内容と報酬体系を事細かに定め、事業リスクを最小化することもできました。顧問先企業２社それぞれに月２回ずつ訪問してコンサルティングを続け、最初から安定した収入も得られました。

この調子で少しずつ顧客開拓も続けて5社まで増やし、単発の仕事も上乗せできれば、サラリーマン時代の年収と同レベルを稼げる――。サラリーマン時代と異なり、自己裁量で必要経費を落とせるため、可処分所得はむしろ増えそうだとも思えてきました。

## ●顧問契約を突然打ち切られ売上げが半減

順調な船出から半年ほど経ったある日。訪問していた顧問先企業で経営者から明らかに契約した業務内容を超える相談があったのです。これまでも訪問時間は1回2時間と定めているのに、大幅に超過することも多く、窓口担当者と話していたことをひっくり返されることもしばしばでした。この相談で発生する資料作成や各種手続きまでも安請け合いしてしまうと、算盤が合わないと思い、やんわりと追加報酬を打診することにしました。

「社長、お考えは重々わかりました。経営課題として取り組まなければいけないというのもおっしゃる通りです。ただ、顧問の私としては、そこまでのお仕事をお受けする契約にはなっていないため、別途費用をお見積もりさせてもらってよいでしょうか」

その瞬間、社長の顔色が一変。

「えっ！　追加の費用がかかるのですか。ただでさえ、細かな契約書にもうんざりしていたのに。そもそもいつも先生がおっしゃることは正論ですが、正論だけで経営なんてできないんですよ。顧問として販路開拓にはほとんど貢献してもらえていませんし。いらっしゃった大手金融機関の人脈に期待していたのですがね。紹介いただいた方の義理もあるから我慢していましたが、わかりました。顧問契約は来月まで終了とさせてください」

驚いたBさんは、慌ててなんとかその場は収めたものの、来月以降の顧問契約は続けられそうにありませんでした。帰り際に売上げが半減することを冷静にシミュレーションして、真っ青になってしまいました。

「仕方ない。相応の報酬ももらえないし、あんな無茶な社長と付き合っていたら身が持たない。気を取り直して、次の顧問先開拓を頑張ろう」

## ●顧問先を開拓すべく必死に営業を続けたものの……

用意周到なBさんは顧客開拓のために、独立直後からいくつかの顧問紹介サイトに登録し、複数の経営者の会にも参加していました。早速翌日から、業務内容をびっしり印刷した折りたためる名刺とともに、経営者の会にこれまで以上に足しげく通いました。また、あらゆる人脈を通じて企業を紹介してもらい、売り込み営業もかけ続けました。

さらに半年が経ちました。しかし、様々な場でどれだけ熱弁しても話を聞いてくれる経営者は現れず、顧問先は開拓できません。それどころかある経営者の会の事務局からは「あからさまな営業行為は慎んでください」と注意される始末。

弱り果てていたころ、もう1社の顧問先企業から連絡が入りました。その企業ではお世話になった先輩が取締役になっており、その縁から顧問をしていたのですが、なんとその先輩が退任するとのこと。飛んでいくと、先輩からこう切り出されたのです。

「B君、僕ももう年なので退任することになったんだ。ついては、君との顧問契約も僕がいなくなったら来月で満了だ。おそらく契約更新はないと思う。すまんね。でも独立して1年以上経つんだから、用意周到な君らしく他の顧客も開拓できているんだろ？」

言葉がありませんでした。頭が真っ白になってしまい、お世話になった先輩への慰労や感謝の言葉を発することもできず、失意の中で帰路につくことしかできなかったのです。

「もうダメだ。どうしよう。俺は再就職するしかないのだろうか」

## ●テイクばかり考えていると、仕事も収入も遠のいていく

さて、なぜ幸先のいい独立スタートを切ったはずのBさんは挫折してしまったのでしょうか。これは顧客の顧問先企業社長や、経営者の会で売り込みをかけられる相手の経営者の心情を想像すれば容易にわかります。

「とにかく自分の損得計算ばかりしてリスクを押し付け、肝心の自社の経営課題解決に貢献してもらえない」

「しがらみのない経営者同士でざっくばらんに交流したいのに、売り込みばかりされると気持ちが萎える」

Bさんとしては、安定した会社員という立場を捨て、脱サラ独立したからには、自分の知恵と人脈を総動員してリスクを避け、仕事と売上げを作りたい一心だったのでしょう。

しかし、顧客からすると、利己的なタイプと見なされ、相手にしてもらえなかったとい

うわけです。商売は、顧客に貢献するから対価が得られます。当たり前の原理原則ですが、緻密なBさんはその原理原則を軽視し、自分のリスク回避や顧客開拓の戦術ばかりに目がいっていました。顧客への貢献の前に、自分が得る対価ばかり考えてしまっていたのです。そうなれば顧客が離れ、新たな顧客も開拓できないのは必定なのです。

私自身、脱サラ独立して13年目になりますが、Bさんのような残念な人たちにも出会ってきました。創業間もないころ、私が起業した噂を聞きつけて、旧知の先輩経営者が訪ねてこられたことがありました。その経営者は開口一番こう切り出しました。

「独立して精力的に頑張っていますね。評判聞いていますよ。どうですか。私にも少し仕事を回してもらえませんか。できればあまり手間がかからなくて実入りがいい仕事がいいですね。昔のよしみでお願いしますよ」

十数年ぶりにお会いして、ひと回り以上年配の先輩経営者からかけられた下卑た笑顔と利己的な言葉に、私は立腹するよりむしろ哀しくなってしまいました。創業間もなくで必死だったのですが、「自分はこうはなるまい」と強く思い、丁重にお帰りいただきました。

**テイクばかり考えて、ギブできない人には、人も仕事も集まりません。**もちろん会社員として働いているときも、同様の理屈はあてはまります。ただ、会社員の場合は、給料が出ているため、そうした社員であっても、上司から強制的にやるべき仕事が指示されますよね。しかし、脱サラ独立した経営者に上司はいません。そのため強制的に仕事を指示されることもなくなる代わりに、仕事が獲得できなければ収入もなくなるのです。

## ●限られた自分のお金や時間や知恵を、「消費」ではなく「投資」する

では、脱サラ独立して成功するのはどういった人でしょうか。

Bさんを反面教師に考えればわかります。それは、自分の損得をさておき、自分の持てる知恵やノウハウや人脈を駆使して、顧客のために貢献する努力と工夫を怠らない人です。たとえ持ち出しがあっても、自腹を切ることがあっても、顧客自身よりも顧客のことを考え尽くし、お役に立つ行動を続けられる人なのです。

ベストセラー『ブラック・スワン』（ダイヤモンド社）の著者であるナシーム・ニコラス・タレブは、近著『身銭を切れ』（ダイヤモンド社）でこう主張しています。

「報酬が期待できるなら、それなりのリスクを引き受けるのが道理というものだ。まし

てや、自分の失敗の代償をほかの誰かに払わせるなんてとんでもない。ほかの人にリスクを背負わせ、相手が危害をこうむったのなら、あなた自身がその代償の一部を払うのが仁義というものだ」

「そう、リスクを冒すのだ。そして、もしも金持ちになったら（必須ではない）、他人のために惜しみなくお金を使えばいい。社会には、（有限の）リスクを冒す人々が必要だ」

リスクをとらないテイカーに未来はない。リスクをとるギバーに未来は訪れるのです。

こう話を進めると、「ボランタリー精神あふれる善人になれ」と受け取られるかもしれませんが、先ほどもお話ししたように、狡猾な経営者に引っ掛かって便利に安く使われても困ります。一つ言えるのは、私が会ってきたベテラン経営者の多くは苦労してきただけあって、人間的魅力にあふれた善い人が多い、ということです。

ただ、それだけではありません。経営者に求められるのは、自腹で投資する覚悟です。**サラリーマンから独立し経営者になり、場数を踏んでいくほど、「投資」と「消費」の違いに対して鋭くなっていきます。**優れた経営者は、限られたお金や時間や知恵といった資産をどう先行投資すれば、先々リターンが得られるか、を見通す力を持っています。一方でリターンを生み出さない支出は消費と見なして徹底的に抑えたいと考えます。嗅覚とでもいうべきでしょうか。

一橋大学大学院の楠木建教授が著書『「好き嫌い」と経営』（東洋経済新報社）で対談している、日本電産の創業経営者・永守重信さんのエピソードが象徴的です。あれだけ巨額のM＆A投資を繰り返し、巨大企業を作り上げてきた一方で、自宅の歯ブラシとせっけんは、出張先のホテルの備品の使い残しを持ち帰ったものだそうです。まさに、投資と消費の違いを明確に区別する究極の経営者感覚ですね。

サラリーマンの間は、会社のお金、つまり人のお金を使って仕事をして、安定した給与をもらっているため、この感覚は磨かれにくいのですが、脱サラ独立するとすべての活動費を自分の財布から出すことになるため、どんどん鍛えられます。

Ｂさんの話に戻すと、リターンを考える前に、自分のお金や時間や知恵を先行投資する感覚が持てていれば顧客満足度が高まり、先々のリターンとして追加の仕事も増え、評判が広まり新たな顧客企業も紹介されたかもしれません。そもそも独立間もない脱サラ経営者には、もといた大企業の看板もないわけですから、目先の売上げよりも、先行投資して実績を積み、信用を作り上げることのほうが重要だったのではないでしょうか。

## ●最初はマッチングサービスを利用して顧客を開拓する

話を戻しましょう。このような顧客を訪問して相談に乗るスタイルのコンサルタントであれば、新たにオフィスを設ける必要もありません。コロナ禍以降に定着してきたZoomやTeamsやWebexなどのテレビ会議システムを使えば、全国に顧客を拡げられるかもしれません。これらはパソコンなどの最低限のツールを用意すれば、コストをかけずにスタートできます。経験を活かしてローリスクで独立開業できるというわけです。

【1】の業務委託への変更が可能な会社に勤めている場合は、まずは業務委託でスタートし、並行してスポットコンサルティングの業務を拡大していくという方法もあります。

最初は週5日、業務委託で働く契約をしていたとしましょう。当初は少し大変かもしれませんが、スポットコンサルティングとしての顧客を探し、そちらがビジネスになるようなら、業務委託の出勤日数を週4日、週3日と減らしていく契約に変えていくのです。

さらには、スポットコンサルティングを請け負った企業から気に入られて、顧問を依頼されたらぜひ引き受けましょう。そうして少しずつ顧客基盤を固めて、経営を安定させていくのです。このやり方であれば、業務委託で働きながら個人事業主としてのトレーニングも重ねられますし、収入がいきなり大きくダウンするリスクを軽減できます。


**ポイントになるのは営業方法**です。Bさんの事例でもわかるように、実績のないコンサルタントが自分の限られた人脈の範囲だけで営業をかけても、そう都合良く顧客獲得は望めません。ましてや、まったく面識のない相手にゼロから営業をかけても非効率です。

なおかつ、コンサルティングのような無形のサービスを提供する場合、価格の設定が難しいものです。**こちらから「仕事をください」というスタンスで営業をかけると、買い叩かれてしまう**リスクも高くなります。

そこで活用したいのが「ビザスク」などの、フリーのコンサルタント・顧問を企業とマッチングするサービスを提供しているWebサイトです（255ページの図を参照）。

この方法なら、自分の経歴や売りを書き込んで登録することで、自分から営業をかけることなく、オファーが来るのを待つことができます。「経験もないのにそう都合良く依頼が来るものだろうか」と懸念する人もいるかもしれませんが、費用の高い大手コンサルティングファームには依頼できず、ピンポイントの悩み事を誰に相談していいのかわからなくて困っている中小企業は非常に多いのです。

経歴や売りの部分でしっかりとフックを作っておけば、思っている以上に依頼は来ます。もし、依頼件数が伸びないようであれば、ニーズを読み違えているということなので、フックの部分を見直していきましょう。このようにして顧客との接点をつかみ、1社、2社と実績をあげていけば、徐々に口コミでの依頼も増えていくはずです。

## ●現場に入り、汗をかき、手を動かす

2020年7月、ヤフーが他社などで本業の仕事を持つ人材に、副業の形で自社の業務に携わってもらう施策を発表しました。戦略や事業プランに関するアドバイザーを募集したのです。コロナ禍でもあり、報酬はオンラインで月5時間の貢献で5万円、つまり「時給1万円」ということで話題にもなりました。

フリーランスでも応募できるとのことでしたので、まさに企業での経験値をもとに独立を目指す人向けの募集ではないでしょうか。ヤフーのような大企業の取り組みのため、大きく報道もされましたが、こうしたニーズは世の中の中小企業ではあふれています。

ただし、実際に、中小企業を対象に仕事をするにあたって大切なことは、「汗をかくこと」「手を動かすこと」です。こう言うと、一般的なコンサルタントのイメージとはだいぶ違うように思えるかもしれませんが、ここが大手コンサルティングファームとの差別化ポイントにもなっていくのです。

大手コンサルティングファームの軸は戦略立案などに関する文書ベースの提案です。しかし、中小企業には、文書ベースで提案をされてもそれを現場の業務にまで落とし込むノウハウもなければ労力もかけられません。中小企業を対象としたコンサルティングではそこまで求められるということです。

具体的に言うと、「週1日だけ来て、人事部長として働いてほしい」「月2回の出社で、経理のマネジメント全般を見てほしい」といった要望が多い。ですから、会社員時代に見てきた大手コンサルティングファームのコンサルタントのイメージにとらわれず、現場に入り、汗をかき、手を動かすことを意識してください。

ちなみに、近年はいかに大手コンサルティングファームであっても、戦略の書類を作ってアドバイスするだけでは稼げなくなってきています。ブランドをありがたがってお金を出すお人好し経営者は減ってきており、当たり前ですが成果に直結する支援にこそ価値があるという流れになってきているからです。

そのため、大手コンサルティングファームも顧客企業に常駐するなどして、実働メンバーの一員として提案内容の社内への浸透のために研修や説明会のサポートなども行うように変わってきています。これから脱サラ独立するあなたなら、なおさら汗をかき、手を動かさないといけませんね。

# 【3】経験値をもとに講演・研修・セミナー講師になる

## ●コンサルタントと違い、業務範囲や報酬があらかじめ明確になっている

スポットコンサルティング、顧問の次のステップとして紹介したいのが、講演・研修・セミナーの講師です。会社員時代の経験値をもとに顧客企業での仕事で磨いた自分の専門分野に関して、フリーランスの講師として業務を請け負うというＦＡ独立のスタイルです。

講師をスポットコンサルの次のステップとして位置づけている理由の一つは、明朗会計

で報酬が得られるという点にあります。特に研修・セミナーはそうです。

というのもコンサルティングのような無形サービスの場合、短期間で数値に表れる明確な結果が出ることは少ないですから、当初はサービス価格で引き受けて、途中から価格を引き上げようとしても、交渉そのものが非常に難しいという問題があるからです。

マッチングサイトなどのエージェントを介することで価格設定に関してはある程度サイト側に任せることも可能ですが、顧客との関わりが深くなってくると、「ついでにこれも頼むよ」と報酬化しにくい細かな仕事を頼まれることも少なくありません。そのうえ、報酬とサービスのバランスをとるように努力しても、コンサルティングという業務の性質上、1社ごとの工数が多くなりやすく、報酬とマッチしない案件も増えてしまいがちです。

もちろん、適宜価格交渉は必要ですし、プロセスを効率化する工夫も必要です。それによって、報酬を見合ったものにすることもできないわけではありません。

しかし、先ほど紹介したBさんの失敗ケースからもわかるように、顧客企業がよほどあなたの仕事ぶりに価値を感じていなければ、価格交渉が仕事を失うきっかけになるリスクもあります。また、真面目な人ほど「しっかり結果を出さないと」と意識することで、報酬以上の労力を割いてしまうケースも出てきてしまいます。

建築家として圧倒的な実績を持つ安藤忠雄さんですら、受注のためにコンペに挑み、敗れてもいるのは有名な話です。それぐらい余人をもって代え難い価値を創り、維持し続けることは難しいものなのです。プロフェッショナルとしての報酬設定は、経験を積んでもなお非常に難しいという側面があるのです。

その点、講演は講師の人気度で変わりますが、**研修・セミナーは料金の相場が定まっています。**民間の研修・セミナー運営会社が実施する場合、経営者向けエグゼクティブセミナーでは1日数十万円するものもありますが、一般的な1日セミナーの1人あたりの参加費は、安ければ1万5000円程度、高ければ5万円程度です。仮に参加費が3万円だとすると、25名が参加した場合、売上げは75万円。このうち何％程度が講師の取り分になるかは決められていますから、どれだけの報酬が得られるかがわかりやすいのです。

## ●ビジネス系の講師業は、経験豊富なベテランが重宝される仕事

また、例えば、あなたがコンサルタントとしてある企業の経理部門のスポットコンサル

ティングに入っていたとして、スタッフの基礎知識の底上げの必要がある、あるいは最新の会計手法について共有する必要があるといった場合には、経理スタッフを対象とした研修を企画することで、教育に関する部分をマネタイズすることもできます。

加えて、ビジネス系の講師業は経験豊富なベテランが重宝される仕事でもあります。その意味で、**他の仕事と比べても、若手・中堅のライバルに対して、ミドル・シニアだからこそのアドバンテージがある**こともおすすめする理由の一つです。ただしベテランであること、イコール古いノウハウとならないよう、常に自分の専門分野について最先端の動向を学び続けることも欠かせません。

このようなメリットがあるため、コンサルタントをやりながら並行して講師を務める人、あるいは、コンサルタントから講師業へと軸足を移す人も目立ちます。

もちろん、お金だけがその理由ではなく、**人に教える仕事ならではの働きがい**に魅力を感じて講師業をメインにしていくという側面もあることは言うまでもありません。私が営む会社も、もと大企業での管理職経験が豊富な講師が揃っていますが、「目の前の受講者が学び変化していく手応えは、かけがえのない講師の醍醐味」とみな口を揃えます。

## ●講師としての筋肉は改めて鍛える必要がある

ただし企業での長年の経験値に、コンサルティングや顧問としての実務経験が加わったとしても、それだけでいきなり講師は務まりません。

企業の現場で培ってきた筋肉と、人に教える講師としての筋肉は違います。ですから、講師としての筋肉は改めて鍛える必要があるのです。

ただし、これまでも管理職として大勢の部下や顧客、役員会議などでプレゼンした経験のある人も多いでしょう。したがって、段階を追ってしっかりとトレーニングを積んでいけば、多くの人が対応できるようになるはずです。

まず必要なのは、プログラムの組み立て方や、目線の配り方、声の張り方、研修・セミナーの内容に応じたファシリテーションの技術などの基礎をひと通り習得すること。これらは、研修・セミナー運営会社などが手掛ける講師養成講座などを受講すれば、数カ月から1年程度で学ぶことができます。

あとは、本番の講師経験を重ねて、少しずつ講師力をつけていくのがよいでしょう。私が営むＦｅｅｌＷｏｒｋｓでも講師を養成するセミナー「働きがいを育む講師養成講座」を開講しています。すでに独立しているコンサルタントが講師力を学びにくる場合もありますし、定年後の講師独立を目指す企業管理職もいます。実際、受講後に講師として独立を実現したミドルも増えています。

なお、講師力に加え、自分の専門分野に関わる一般的に普及している理論や最新事例について、本を読んだりセミナーを受講するなど、常に勉強し続けることも不可欠です。企業でキャリアを重ねてきたミドルにとっての売りは「現場での経験値」ですが、これを**学術研究に基づいた理論と紐付けて説明することで説得力が段違いに増す**からです。

また、世の中の変化にアンテナを張り、最新の事例を常にキャッチアップしておかないと、よく勉強している受講者のほうが講師より詳しいといった事態にもなりかねません。それでは講師としての説得力が損なわれてしまいます。理論や最新事例は、学べば誰でもある程度は語れるので決してメインの売りにはなりませんが、経験をよりしっかりとした強みに変えるための前提条件だと考えてください。

## ●実績がある有名講師に弟子入りする

基礎を習得したら（あるいは同時進行でも構いませんが）、次に必要なのは実地経験を積むこと。手っ取り早いのは、自分と専門分野が重なっていて、実績がある有名講師に弟子入りすることです。

無報酬でもいいのでアシスタントとしてサポートをさせてほしいと依頼すれば、自分だけでは手が回らずに困っている人気講師は少なくありませんし、自分の後継者を育てたいと考えるベテラン講師も少なくありませんから、門を叩いてみる価値はあります。

そこで、最初はセミナー用の資料作成や当日の進行や運営などを手伝い、経験を重ねて慣れてきたら、ワークショップ形式のセミナーの1グループのファシリテーションを任せてもらうといったように、講師としての経験の幅を広げていきます。コロナ禍以降、オンラインでのセミナーも増えていますので、ZoomやTeamsやWebexなどの運用サポートを買って出るのも喜ばれるでしょう。

それらによって、どうすれば受講者のモチベーションが上がるのか、何を工夫すれば理解度がアップするのか、逆にどのようにしてしまうと参加者の集中力が下がるのかといったことなどを肌感覚で理解できるようになります。

皆さんも研修・セミナーの受講経験があると思いますが、型通りに進めているのに誰もついてこない退屈な研修・セミナーは少なくありませんし、同じプログラムでも講師の力量一つ、工夫一つでグンと盛り上がる場合もあります。人の反応というのはなかなか机上の想定通りにはいきません。この点は研修・セミナーの現場で、トライ&エラーを重ねながら、実地で身につけていってください。

ただし、講師の世界は自分が苦労して築き上げてきた無形ノウハウで食べていくプロフェッショナルの世界ですから、弟子として学んだノウハウを勝手に拝借して講師として稼ぐことは仁義にもとります。学んだことを活用したい場合は、のれん分け・のれん代のような形でどうお返しするか等をしっかり話し合っておく必要があります。

また講師業をメインにするには、**大学や専門学校の実務家教員を目指すというルート**もあります。教育と企業現場の接続のためにも、国をあげて企業などの現場で経験を積んだミドル・シニア層を講師として養成する動きも広まっています。

社会情報大学院大学では実務家教員養成に特化した「実務家教員養成課程」も開講しています。また、国立研究開発法人 科学技術振興機構では「JREC-IN Portal」という、全国の大学などでの講師や教授などの求人情報を掲載するサイトを運営していますので、興味のある方は一度チェックしてみるとよいでしょう。

## ●最新の現場事情に常にアンテナを張り、「現場感覚」を持ち続けることも大切

さて、ここまで来たら、いよいよ講師デビューです。それまでのアシスタント経験で広げた人脈や師匠からの紹介、あるいはつながりのある研修・セミナー運営会社からの依頼ももちろん期待はできますが、それだけでは幅が広がりません。

そこで、【2】のスポットコンサルティングと同様、この場合も、講師と主催者をマッチングするＷｅｂサービスを利用するとよいでしょう（次ページの図参照）。

自分が専門とする講演・研修・セミナーのテーマ設定がうまくいっていれば、講師としての実績がまだない段階でも仕事を得ることは可能です。実績を積んでいけば、ここに口コミでのオファーも加わってくることになります。

## 講師・ファシリテーター登録サイト例

- ブレーン（https://kkbrain.co.jp/）
- 講師SELECT（http://www.koushi-select.com/）
- 講演依頼.com（https://www.kouenirai.com/）
- Speakers.jp（https://www.speakers.jp/）
- コーエンプラス（https://kouenplus.com/）
- システムブレーン（https://www.sbrain.co.jp/）
- 講演依頼ナビDX（https://kouen-dx.com/）

なお、**現場のビジネスを扱う講演・研修・セミナー講師の場合、独特の難しさがある**ことは注意してください（次ページの図参照）。

脱サラ直後の現場の仕事から離れてすぐの時期は、最新の現場感覚に基づいて鮮度の高い話ができますが、講師として教えるスキルに関してはまだまだ未熟。

一方、時間が経過し、教えるスキルが高まってくると、今度は現場に関する話の鮮度が落ちてくるという問題が出てくるのです。実際、多くのビジネス系の講師が、この問題に頭を悩ませ、戦っています。

ですから、企業で経験してきたことにあぐらをかくのではなく、最新の現場事情について常

## 「現場感覚」を陳腐化させず価値をキープする

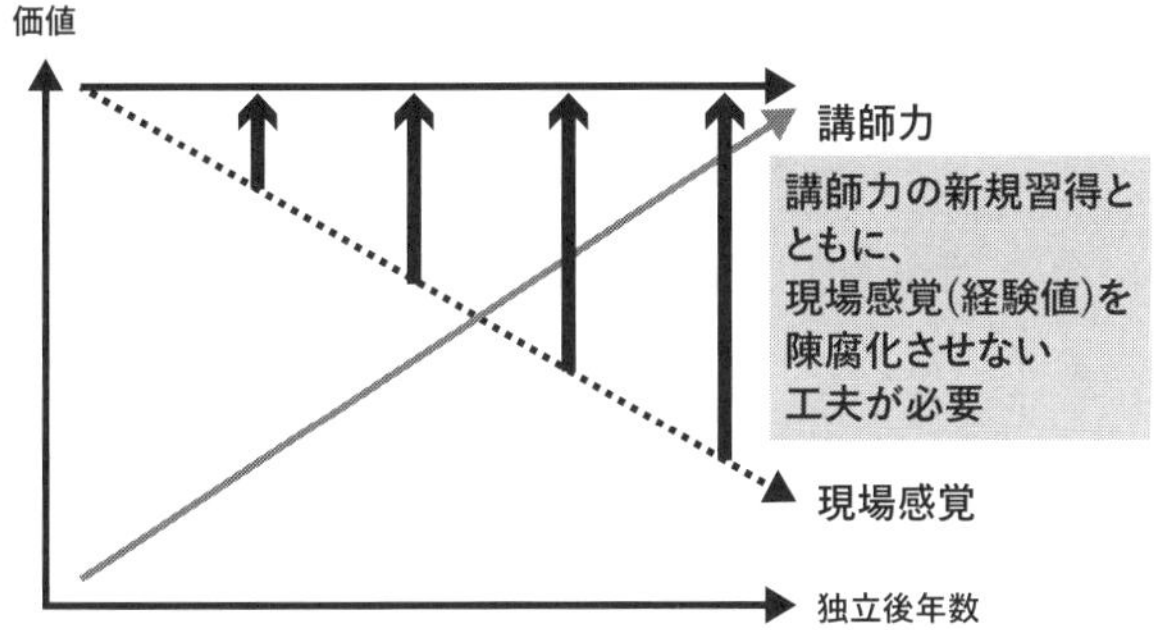


にアンテナを張り、**情報をアップデートする努力は絶対に不可欠**です。同時に先端的な企業が導入している最新の理論や手法について本を読んで勉強し続けることも不可欠です。

現場に関する情報収集のためには、コンサルティング業務も並行して続ける、講師同士の勉強会で情報交換するといった取り組みも有効でしょう。

どんな方法でも構いませんが、上図の講師としての価値を水平に保つためには、不断の努力が求められるのです。

## 【4】難関の業務独占資格を取得して開業する

### ●「会社で積み上げてきた経験」に「資格の専門性」を掛け合わせる

ＦＡ独立のもう一つの形が、社会保険労務士、税理士、行政書士、司法書士などの難関国家資格を取得し、独立開業する方法です。

これらの難関資格の特色は、有資格者でなければ認められていない独占業務があること。例えば、「税務申告の代行」などは法律で税理士にしか認められていません。そのため、資格を取得すれば独占業務で食べていくことができるというのが、一昔前のこれらの難関資格のイメージでした。

しかし、ＩＴ化が進んだこと、比較的安価にワンストップサービスを提供する士業法人が増えたことなどもあって、個人の士業の独占業務、またはそれに付随する定型業務の報酬相場は下がり、依頼も減少しつつあります。つまり、苦労して勉強して難関資格に合格しても、独占業務・定型業務だけで生活できる保証はもはやないということです。

では、なぜここで難関国家資格取得による独立を取り上げたのかというと、**「企業ミドルが社内の各部門で積み重ねてきた経験」に「資格の専門性」を掛け合わせる**ことで、付加価値の高いコンサルティングサービスを提供することができるからです。例えば、経理でキャリアを重ねてきた人なら税理士、法務なら司法書士や行政書士などが、掛け合わせの相性の良い資格に該当します。

人事部門で長年キャリアを重ねてきた人であれば、社会保険労務士を取得すれば、人事・労務に関する法律に精通していると同時に、企業の人事が直面している実際の課題や最新の人事評価制度なども実地で理解しているスペシャリストになることができます。

さらには、人事制度構築や労働問題対応といった自分が強い分野を絞り込んだり、勤めてきた会社の業界や対応してきた従業員の雇用形態などで明るい分野を強調するなどして、単に「社会保険労務士です」というだけでなく、「○○が専門の社会保険労務士です」と自分だからこその専門性を確立していくのです。

独立して大切になるのは、顧客から見たときに、他に多数いるプロフェッショナルの先輩たちと比較してあなたが選ばれる差異化された専門性を確立できるかどうかです。社会保険労務士という看板だけでは数多くいるライバルの中に埋もれてしまいますが、実務経験との両輪でサービスを提供できれば、ライバルとの明確な差別化ができるのです。

大切なのは、独立したプロとして報酬を稼ぎ続けられる存在になることです。まかり間違っても、エクセルと電卓が使えれば誰でもできてしまう給与計算といった「AIなら瞬時に終わらせてしまう業務」のみを専門にして、その業務に多大な時間を割くような働き方だけは避けなくてはいけません。早晩、仕事を失うことは必定だからです。

## ●難関資格こそ会社にいる間に取得する

このように、目標とする資格を選ぶ際には、取りやすさなどに惑わされず、自分の業務経験との掛け合わせでどのようなスペシャリティが生まれるかを重視することが一番のポイントです。また、ＡＩやロボットに代替されないよう、人間の自分だからこそ顧客が依頼してくれる専門性を確立することです。

そして、ＦＡ独立後の事業は、独占業務に固執せず、専門分野に関わるコンサルティングも積極的に展開します。コンサルティング業務で顧客とつながりができれば、各種申請書類の作成などの独占業務や定型業務を合わせて依頼される可能性も十分あります。

独占業務の有無にかかわらず、国家資格は一般的な認知度も高いので、顧客の安心を得やすく、自分の強みもアピールしやすいというメリットがあります。

その意味では、業務独占資格ではありませんが、**中小企業診断士などもおすすめの資格の一つ。企業での営業経験やコンサルティング経験を補強してくれる**資格です。**金融機関でキャリアを重ねてきた人なら、ファイナンシャル・プランニング技能士などもアピール**

**材料になる**でしょう。

独立後の仕事の獲得方法などについては【2】と同様です。また、有資格者としての強みを活かして、【3】の講師の仕事に広げていくこともできます。

ちなみに、こうした難関の国家資格を取得しながら、あえて肩書きに打ち出さない人も少なからずいます。税理士や行政書士や社会保険労務士と名乗ってしまうと、逆に顧客からそうした士業の人と括られてしまい、仕事の幅が限られてしまったり、世間的にも士業の仕事の報酬相場は決まっているため、いかに自分の付加価値を高めても収入を増やせなくなるからです。独立するともといた会社の看板がなくなるわけで、国家資格があればある程度の信用は得られるものの、逆に制約になるリスクもあるのです。

余談ですが、20年ほど前、自己啓発本作家の先駆けともいえる中谷彰宏さんと仕事をご一緒することがあったのですが、名刺交換すると「中谷彰宏」としか印字されていませんでした。当時から、肩書きに頼らず、名前だけで勝負できる「余人をもって代え難いセルフブランド」を意識的に作られていたからでしょう。

なお、ここで取り上げた難関国家資格は、通信教育や資格スクールの夜間・週末の講座を利用して働きながら取得を目指せますが、大まかな目安として、**社会保険労務士なら1年以上、司法書士なら2～3年、税理士なら3～5年の勉強期間が必要**になります。

ですから、これらの資格を活かしたFA独立を目指すなら、取得までの期間を逆算して早めに勉強に取りかかり、合格後に独立ができるようにプランを立てましょう。

会社を辞めて勉強に専念する手もありますが、いずれも難関資格ですから、必ずしも1回目の試験で合格できるとは限りません。受験のチャンスは多くの資格が年1回しかありませんから、リスクを避けるためにも、会社にいる間に取得することをおすすめします。

## 【5】自分の強みで差別化したクリエイティブ系のフリーランスになる

### ●畑違いの仕事でも、「会社員時代の経験」が差別化ポイントになる

５つめに提案するＦＡ独立のスタイルは少し異色かもしれません。例えば、カメラマンやライター、デザイナーなど、これまでの企業での仕事とはまったく畑違いのクリエイティブワークでフリーランスになるという方法です。

これらの手に職を持つクリエイティブワーカーにずっと魅力を感じていたという人もいるでしょうから、この選択肢についても触れておきたいと思います。

といっても、経験のないミドルがいきなりフリーのカメラマンになっても、そう簡単に

仕事が得られるものではありません（フリーのカメラマンと名乗ることはいつでもできますが）。同世代のベテランクリエイターには、あなたをはるかに上回る経験がありますし、経験が浅い若手にはあなたにはない若い感性があります。これらのライバルに対して、徒手空拳では分が悪いのは明らかです。

この場合も、クリエイティブなスキルと企業での経験の掛け合わせで自分ならではの付加価値を生み出すことが求められます。例えば、製薬会社で経験を重ねてきたミドルが医療・医薬品分野のライターに転身する場合は、企業で身につけた専門知識が大きな売りになります。カメラマンであれば、住宅関連業界での経験があるとしたら、住宅の写真をどう撮影すればいいか、発注者側のニーズはつかめているはず。そこが強みになるのです。

いまどきのクリエイティブワークであれば、パソコンや必要最低限の機材を揃えれば、自宅を事務所として独立開業することは十分可能。よりリスクを抑えるのであれば、【１】～【４】のＦＡ独立スタイルをメインとして、副業でスタートする方法もあります。

スポットコンサルや研修・セミナー講師と同様、クリエイティブワークに関しても専門マッチングサイトがあるので、自分の強みをうまくアピールしオファーを待ちましょう。

## 【6】お金はそこそこでも、働きがいがあるNPO・ボランティア活動をする

### ●週に1、2日、副業的に関わるのが現実的

ここからは、より働きがいを重視するFA独立について紹介しましょう。収入にはこだわらず、社会貢献活動に取り組むNPO・ボランティアに携わるというものです。

「それが経験を活かせるFA独立になるのか？」という疑問を抱く人もいるかもしれませんね。しかし、各分野の専門家が職業上身につけた専門性を活かしてボランティア活動をするプロボノは、まさに経験を活かせる仕事と言うことができますし、自分でNPOを立ち上げる場合にも、組織作りなどの面で、企業での経験を活かすことができるはずです。

ＮＰＯ設立自体はほとんど費用がかからず、自宅を事務所とすることもできるため、ローリスクでもあります。

ただし、収入につながらない活動も多いため、その他のＦＡ独立パターンを主業務とし、週に１、２日、副業的にＮＰＯ活動に携わるのが現実的と言えるかもしれません。

ちなみに私は、脱サラ独立した13年前、若者のキャリア支援をやりたいと考えて、学生向けのキャリアセミナーなども開催していました。しかし、私の性分もあり、お金のない学生から受講料をもらうことにどうしても前向きになれませんでした。巷《ちまた》には高額の受講料をとる就活支援セミナーや自己啓発セミナーがあることはわかっていましたが、私にはどうしてもできませんでした。

そこで、若者のキャリア支援は完全にボランティアとし、若手部下のマネジメントに悩む上司層向けの研修をビジネスの柱に変えていくこととしたのです。そうしたところ、この管理職研修には企業も予算を割いてくれるため、事業化のメドが立ち、現在の事業継続につながっていくことになりました。

ただし現在も**自分の時間の10分の１は若者のために投資すると決め、若者のキャリア支**

**援は続けています。**ご縁あって、青山学院大学の正規課程でキャリアデザインを教える講師に任用され、かける時間と講師としての給与を考えると到底ビジネスにはならないのですが、これも有償ボランティアと位置づけて若者のキャリア支援を続けています。

## ●ソーシャルベンチャーを立ち上げて成功させるのは、かなりハードルが高い

第2章の「第二の職業人生転身マップ」で、ソーシャルベンチャーはリスクが高く経験が活かせる要素も少ない左下にマッピングしました。社会問題解決を事業のメインとして利益をあげるのは、現実問題として非常にハードルが高いからです。ですから、ここで取り上げるFA独立の一パターンとしてのNPO活動とは区別して考えてください。

ただし、この社会問題解決の領域で新しい仕組みを提案し、成功している若手起業家は増えてきています。あなたが勤めている企業でもSDGs経営を標榜し、社会問題解決に取り組んでいるかもしれませんね。

SDGsとは、「Sustainable Development Goals」の略称で、2015年9月に193の国連加盟国が全会一致で採択した我々の世界を変革する「持続可能な開発のための2

030アジェンダ」です。「誰一人取り残さない」という強い決意のもと、貧困、飢餓、健康と福祉、ジェンダー平等、クリーンエネルギーなど17のゴール（目標）とそれに紐づく169のターゲットが示されています。

実は、この8番目の目標「働きがいも経済成長も」は私が営む会社でもこだわっており、事業のヒントを得たいと考え、イノベーション論で著名な米倉誠一郎教授が立ち上げたSDGs経営のスクールCR-SIS（クリエイティブ・レスポンス-ソーシャル・イノベーション・スクール）で半年間学びました。ここでは実際に社会問題解決に挑む起業家たちが講師として続々登壇してくれたのですが、ひと回りもふた回りも若いソーシャルベンチャー経営者の志、ビジネスモデルや戦略の革新性に感じ入るばかりでした。

彼らに共通するのは、これまでの企業活動と発想が真逆であるということでした。市場分析をしてニーズを掘り出し、ビジネスモデル構築をして、自社技術や資産などのシーズを活かし差別化された商品やサービスを開発し、適切な営業活動を経て、事業収益を上げていく――これが今までの民間企業のやってきたビジネスですよね。

ところが、ソーシャルベンチャー起業家の多くが、市場があろうがなかろうが、ニーズもシーズも関係なく、そこに社会問題があれば取り組むという姿勢を持っていました。そのうえで、その社会問題を解決するために、どういったビジネスモデルや商品・サービスを開発し、どういった営業活動をすればよいのかと、後からビジネスを道具として使うという発想なのです。なおかつ、事業収益の最大化は目的ではなく、社会問題解決のための必要経費を捻出し続けるために必要な手段と位置づけているのです。

ソーシャルベンチャー起業家の多くが、「これまで社会問題解決といえば、寄付や税をもとにした財政施策と捉えられていたけれども、それではスポンサーや政治の思惑に左右され持続可能性が低い。だからビジネスの仕組みを使う」と言っていました。それを聞くたびに頭が下がる思いがしたものです。

ただし、こうしたソーシャルベンチャー起業家の思考は、SDGsなんていう新語を使わなくても、日本の偉大な先人経営者たちが持っていた思考と重なるものでもあります。

例えば、パナソニックを創業した松下幸之助翁の水道哲学「生産者の使命は、貴重なる生活物資を水道の水のごとく無尽蔵たらしめ、無代に等しい価格をもって提供することにある。かくしてこそ貧は除かれていく」はその典型でしょう。渋沢栄一翁が訴えた共感・共助・共創の理念である「合本主義」や、近江商人発祥の三方良し「売り手と買い手が満足するのは当然のこと、社会に貢献できてこそ良い商売」という経営哲学もしかりです。

社会問題を解決するソーシャルベンチャーの意義はわかりますし、そこに挑む起業家が求められていることにも異論はないでしょう。ただし、繰り返しになりますが、それを自分が独立してリスクを取って挑戦できるかと問われると、安易にうなずくことはできないのが実際ではないでしょうか。

もちろんシニアやミドルの成功例もありますが、その場合は該当する分野で十分な経験と実績があることが条件となります。何よりこれまで数十年にわたり、収益を追う従来型の企業活動の最前線で働いてきた人が、いきなり真逆の社会問題解決ありきの発想と行動に転ずることは容易ではありません。私自身、脱サラ独立した経営者として社会問題解決のビジネス化に悪戦苦闘し続けている一人なので、その難しさを痛感しています。

## ●既存のNPOの活動に参加し、自分の強みを活かせるところで貢献する

こう考えてくると、社会に変革を起こすような画期的なソーシャルビジネスを多大なリ

スクを取って展開するのではなく、既存のＮＰＯの活動に自分の強みを活かしてできる範囲で貢献することが、第一線で働いてきたミドルができる社会貢献ではないでしょうか。

今、日本の社会全体においても、皆さんが暮らす地域においても、高齢化、環境、教育などに関する課題が山積されています。ＮＰＯやボランティア活動は幅広い分野で数多く立ち上がり、今もなお増え続けています。多くの人が「なんとかしなければ」という思いを抱き、行動に移している。そのようなムーブメントが起きていることは皆さんも実感されているはずです。

サラリーマンの中にも、こうした課題に対して問題意識を持ち、できることならその解決に貢献したいという気持ちを持っている人は少なからずいるでしょう。しかし、仕事が忙しい、地域での人間関係が薄いといった理由から、自ら動くことができなかった人が多いのではないでしょうか。

しかし、**ＦＡ独立を実現すれば、自分の時間も活動の舞台も自分で管理できます。やろうと思えばいつでも社会貢献活動に取り組むことができる**のです。

誰に命じられたわけでもなく、自らの問題意識に基づいて実践する社会貢献活動は、お金にはつながらなくても非常に大きな働きがいを得られます。

貢献の仕方は様々です。ＮＰＯは一般企業のようにスペシャリストが十分に揃っていないことも往々にしてあります。「経理をやれる人がいない」「企業から寄付を募る交渉は若手のスタッフには難しい」「ボランティアをまとめるリーダーがいない」などそれぞれの組織に課題がありますから、自分の経験が活かせる仕事に関して手を挙げることで、フリーの立場でＮＰＯのメンバーとしての一歩を踏み出すことができます。

もし自分の問題意識に合致するＮＰＯがなければ、自らＮＰＯを立ち上げることももちろん可能です。設立費用はほとんどかかりませんが、理事などの立ち上げメンバーを集めることが必要。そのため、同じ問題意識を抱いている人たちの賛同が得られるだけの強いビジョンをあなたが掲げられるかどうか、そこがポイントになります。

または、自分の経験値を活かし、必要な学びを加えながら目の前の顧客に喜んでもらって対価を得る中で、しっかり事業を安定させ、出た収益で、社会問題解決に挑むＮＰＯ法人やソーシャルベンチャーを支援することも立派な社会貢献と言えます。

## 【7】店舗を持たずに飲食店を開業する

### ●デリバリーを前提とし、キッチンだけで客席のないゴーストレストランも

第2章の「第二の職業人生転身マップ」で、「自分の店独立」は、経験が活かせる度合いに関しては中程度ですが、コスト面を考えるとハイリスクということで、中段左端に位置づけました。現在はコロナ禍で人と人の接触、密を助長しかねない飲食店経営はハイリスク度がより高まっているともいえます。コロナ禍が収束するであろう数年後を見据えたとしても、とにかく実店舗を開業しようとすると、開業資金も固定費も高くなるということが大きな問題なのです。

しかし、最近は自分で店舗を持つことなく、飲食店を開業するケースも増えてきています。すでにある飲食店の休業日や開店前・閉店後の時間帯に間借りして、その日時だけスポット的にお店を開く方法です。このやり方ならコストは大幅に抑えられますから、ローリスクな副業的に、念願だった飲食店を開業することも十分できるというわけです。

また、このコロナ禍で注目されているのが、ウーバーイーツや出前館などのデリバリーサービスを前提とした、キッチンだけで客席のないゴーストレストラン。さらには複数の料理人が使うシェアキッチン。これなら家賃の高い繁華街などに出店する必要もなく、狭いスペースがあれば十分なのでローリスク。

さらに営業中の他店舗でキッチンの一部を借りて、デリバリーだけで営業する飲食店なども出てきています。

飲食業はとにかく当たり外れが大きい分野。未経験から参入するのであれば、失敗することも想定して、**とにかく開業費用と固定費を抑えることがポイント**です、あとは、マーケティングやコスト管理などに関してビジネスパーソンとして培ってきた知識・スキルをできるだけ活かしつつ、少なくとも経営的な側面での失敗リスクは最小限にとどめられるよう工夫しましょう。

現在は、コロナ禍で老舗の飲食店も廃業や事業譲渡を考えるケースが急増しています。第2章でお話ししたスモールM&Aのスキームを取り入れながら飲食業に乗り出すのも、困っている飲食店経営者の支援と後世に残したい味を守る社会貢献なのかもしれません。

# 第4章

## 「自分の専門性」を「稼ぎのタネ」に変える！

### ——自分マーケティングと自分磨きの勘所

## ●「営業ができる」「経理ができる」は強みになるのか？

どのようなＦＡ独立を目指すかが決まったら、次に重要なのは、自分の強みを見つけ、それを磨いていくことです。

自分の強みに関してはもう十分わかっている、と思っている人も多いかもしれませんね。「営業畑で20年以上やってきた。強みといったら営業ができること。それしかないよ」「経理のスペシャリストとしてキャリアを重ねてきたのだから、経理スキルが強みなのは自明だろう」……このように、第一線で働いてきたミドルには十分なキャリアがあるからこそ、「強みなんて今さら見つけるまでもない」と考えてしまいがちです。

しかし、私に言わせれば、企業ミドルの中で「自分の強み」を正しく理解している人は多くありません。営業でキャリアを重ね、結果を出してきたといっても、それは会社の看板があってこそかもしれませんし、経理ができるといっても、企業の中で分業化された業務の一部しか知らないということもよくあります。

ＦＡ独立後、個人で中小企業を対象にビジネスを展開するとするならば、それらがそのまま強みになるとは限りません。むしろ通用しないことのほうが多いでしょう。

とはいえ、「長年やってきたことが強みにならないなんて……」と嘆く必要はありません。20～30年にわたり、様々な苦労や工夫、努力を重ねながら働いてきた人に何の強みもないということもまたあり得ないからです。

では、「営業ができる」「経理ができる」が強みだと安易に思い込んでいる人の問題点は、どこにあるのでしょうか。

そもそも、「営業ができる」「経理ができる」では、スモールビジネスを展開していくための強みとしては大雑把すぎるというのが一つ。もっと自分のやってきたことを丁寧に棚卸ししないと、あなただからこその強みは見えてきません。

加えて、ＦＡ独立後の主要な顧客である中小企業のニーズが反映されていないことも問題です。ニーズがあればこその強みだからです。もちろん大企業を顧客とする場合もあるでしょうが、業務委託でもといた企業を顧客とする場合以外は、大企業は取引先の企業や個人に対する条件を厳しく設けている場合も多く、そもそも顧客とすることが難しいでしょう。

さらにいえば、企業内での評価と社会での評価というのは別物だという視点も抜けています。会社の中では評価されていた経験やスキルがひとたび社外に出るとあまり評価されないというケースは往々にしてありますし、その逆もまたしかりです。

つまり、ＦＡ独立することを目標に決めた段階で、**自分自身の強みを再発見する**ことが必要になるのです。そして、それは自分一人で考えているだけでは見えてきません。他業界や中小企業の実際のニーズもわからずにあれこれ考えていても、机上の空論に過ぎないからです。

## ●自分の強みは「他流試合」によって見えてくる

ここで取り組むべきなのは他流試合。できれば会社を辞める前に、副業制度などを利用して会社の外に飛び出してみましょう。

会社が副業を認めていないならば、正規の副業でなくても構いません。報酬ゼロの丁稚奉公でもよいですし、プロボノや週末ボランティアでもＯＫ。とにかく一度、会社の枠を出て、中小企業などの現場で仕事を経験してみるのです。

そこであなたは、これまでのやり方が社外の現場やボランティアの現場ではそのまま通用しないことに気づくでしょう。同時に、「ここを改善すればもっと効率的になるのに」と気づくことも多々あるはずです。

この一連の気づきが自分の強みの再発見へとつながっていくのです。

例えば、「商品も顧客層も営業活動のスケールも異なる中小企業の現場に、大企業の営業システムをそのまま持ち込むことはできないが、自分がやってきた顧客データをエクセルで管理・分析し、営業活動に活用する手法は十分応用できる」といった発見があったとしましょう。それこそがあなたにとっての「強み」候補です。

次に、あなたが顧客データの管理・分析・活用に関して、どのような工夫を重ねてきたか、活用するにあたっての課題をどう克服してきたかなどを整理します。そして他流試合の現場で提案してみるのです。

もちろん最初からすべてうまくいくとは限りません。しかし、同じ業務に関して多くの経験を重ねてきたあなたには、改善点のありかや改善方法などを見出すセンスが身についているはず。それは大きなアドバンテージになります。

## ●すごい経験でなくてもいい。大切なのは希少性

「エクセルを使った顧客データの管理・分析・活用なんて、誰でも当たり前にやっていることだし、そんなことが強みになるの？」と感じた人も多いかもしれません。

しかし、すでに説明してきたようにFA独立で強みになるのは「すごい経験」ではありません。何億円の売上げを上げたとか、会社全体の人事制度改革のリーダーを務めたといった派手な実績は必要ないのです。むしろその手法をFA独立したあとの顧客候補企業で応用できないなら、派手な実績に意味はありません。

大切なのは、もといた企業においては「普通の経験」に過ぎなくても、それがピンポイントでこれからターゲットとする顧客のニーズに嵌《はま》るかどうかということです。

**勤めていた企業にとっての当たり前が、他の企業にとっても当たり前だとは限りませ**

**ん。「そんなやり方があったのか！」という発見につながることが多々あります。**

そのようなピンポイントのニーズに合致したとき、あなたの「普通の経験」に希少価値が生まれます。同じような経験を重ねてきた人はもとの企業側にはたくさんいても、外に出てみると意外と少ないからです。このマッチングの妙から生まれる希少性を探究することこそがＦＡ独立成功のキモと言えるでしょう。

だからこそ他流試合が必要なのです。

他流試合をせずに自分の経験を棚卸ししようとすると、どうしても「すごい経験」を軸に考え、「普通の経験」は除外してしまいがちです。しかし、他流試合によってターゲット企業の現場の業務を把握し、そこにある顕在的・潜在的ニーズが理解できれば、それに基づいて自分の「普通の経験」を棚卸しすることが可能になります。

このような考え方でキャリアの棚卸しに取り組むと、「強み」候補はいくつも見つかるはずです。生産的な会議の進め方、日報・週報を活用した部下のマネジメントなど、**あな**

**たが当たり前に取り組んでいた一つひとつの「普通の」業務に可能性がある**のです。

## ●他流試合で大切なのは自分を解放すること

自分の強みを再発見するという目的で他流試合に臨むとき、必ず意識してほしいことがあります。それは「自分を解放する」ことです。

というのも、組織で経験を重ねてきたミドルは、組織に合わせて自分を抑える習慣が染みついてしまっているからです。「部長の言うことはおかしい」「この業務は無駄じゃないか」と思っても、余計な波風を立てないよう、言いたいことを口にせず抑制的に振る舞うことが当たり前の行動様式になってしまっているのですね。

確かにサラリーマンとしては、それが生きていくために必要な処世術でした。しかし、他流試合の現場では違います。

せっかく他流試合に臨んでも、遠慮して波風を立てないことだけに気を使って行動していたのでは意味がありません。それでは、無難に現場の仕事を覚えることはできたとしても、ターゲット企業の本当のニーズも、自分の強みがどれだけ通用するかということも、深いレベルでつかむことができません。

自分を尖らせ、解放することによって他流試合は実りあるものになります。

もちろん、勤めている企業の看板や肩書きにものを言わせて、上から目線で物を言うのは御法度です。そうではなく、いわば顧客に対するコンサルタントのスタンスで、発見した改善点を指摘し、相手が抱えている課題を聞き、自分にできる改善策を積極的に提案していくのです。

中小企業の経営者や現場のマネージャーは、数多くの課題を抱えながらも、一つひとつの課題に手が回らず、困っていることが少なくありません。あなたからの提案が渡りに船となることも決して少なくはないのです。

そして「任せるからぜひやってみてくれ」の一言がもらえたら、部外者だからという変な遠慮は捨て、思い切り実践してください。改善の内容によっては現場の反発を食らうこともあるかもしれません。しかし、何のためにやるのかをしっかりと説明し、一人ひとりに納得してもらうことも、ＦＡ独立を見据えたトレーニングの一つです。

さらに、自分の取り組みや働きぶりに関しては、忌憚《きたん》のないフィードバックをもらいましょう。「アイデアはいいけど導入の方法がウチの会社には合わない。ウチの社員には大企業社員のようなコンピュータリテラシーが備わっているわけではないから、もっと丁寧なガイダンスが必要だ」といった意見の一つひとつが、あなたが成長するための糧になります。

自分を尖らせ、解放してこのサイクルを回していくことによって、あなたの強みがより明確になり、磨かれていくのです。

振り返れば、「若いころには自分ももっと尖っていたな。やりたいようにやってよく怒られていたっけ」と感じるミドルは少なくないはずです。キャリアを重ねる中で丸くなり、自分を抑えることでストレスを溜め込んでいた面もあるでしょう。

**他流試合での経験は、自分の好きなようにイキイキと働くことの楽しさを思い出させてもくれる**かもしれません。

## ●先行プレイヤーをベンチマークし、ポジショニングマップを作る

他流試合によって自分の強みが見えてきたら、次に必要なのはマーケティングです。自分の強みを活かしたビジネスが世の中にどれだけニーズがあるのか、競合がどれだけいるのかに関するリサーチを進めましょう。

最初にするべきなのは、**自分がビジネスにしようとしている領域の先行プレイヤーをベンチマークする**ことです。どれだけニッチな領域を見つけたと思っても、調べてみると競合する先行プレイヤーはいるものです。そこで、どのような競合がいるか、彼らが成功しているのかどうかを調査していきます。

おすすめしたいのはポジショニングマップを作ることです。219ページの図は人事部の採用部門でキャリアを重ねてきた企業ミドルが、人材採用コンサルタントとしてのＦＡ独立を目指しているケースを想定したポジショニングマップの例です。

縦軸・横軸に何を取るかはケースバイケースですが、ここでは扱う人材の年齢層を縦軸に、顧客となる企業の規模を横軸に取っています。そして、このミドルは中でも中途採用に関する経験が豊富だったとしましょう。

このような図を作ってみると、「大企業を対象に経営層人材を紹介するサービスは、すでに豊富なノウハウを持った企業がいくつもある。自分が彼らにこの分野のノウハウで優位に立つのは厳しそうだ」「大企業の新卒採用に関してはすでに大手のサービスが充実している。新卒採用に関してはそれほど強くない自分が太刀打ちできる余地はなさそうだ」「顧客の企業規模があまり小さくなると、大企業で経験を重ねてきた自分の感覚とズレが大きくなりすぎるかもしれない」など多角的な分析ができるようになります。

競合が少ない領域はチャンスが大きいようにも思えますが、そもそもニーズがない可能性もあります。そうした一方で、先行プレイヤーがいたとしても、彼らが必ずしも市場のニーズに十分に応えるサービスを提供しているとは限りません。調べれば調べるほど、それまでぼんやりとしていた市場の状況が見えてきます。

ここに他流試合の現場で得た実感値を組み合わせて分析していくと、「ニーズはあるが

### 採用コンサルタントを目指す場合のポジショニングマップ例

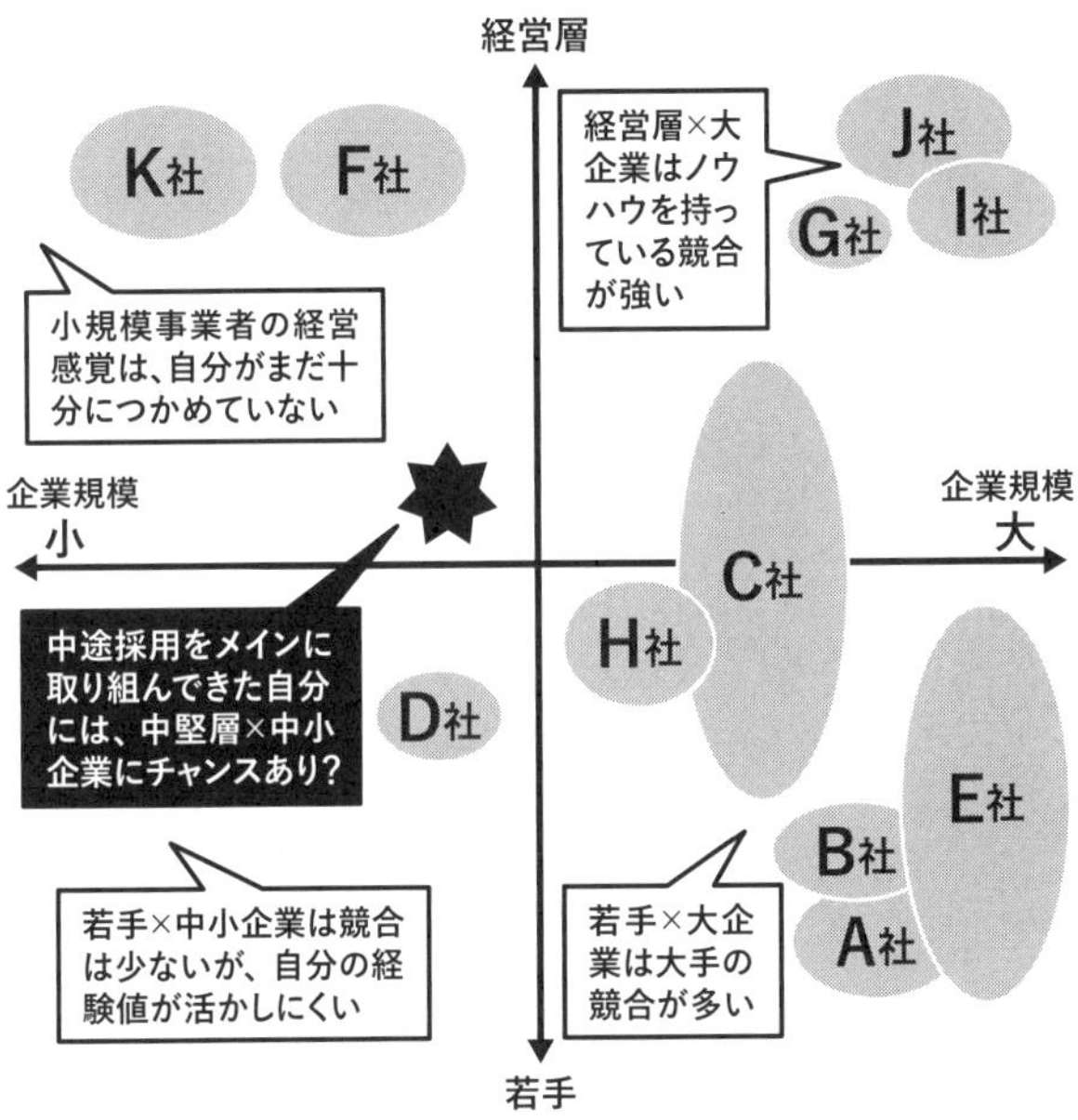


（あるいは潜在しているが）、競合が少ない（あるいはニーズに応えるサービスを提供できていない）」ピンポイントの領域が浮かび上がってきます。それこそが、あなたがビジネスを仕掛ける最初の領域ということになります。

図のケースでいうと、「そもそも競合が多く、自分の強みとも合致しない若手層や経営層を対象としたビジネスは厳しそうだし、顧客が小規模事業者になると彼らの経営感覚がまだわからない。そもそも小規模事業者に対する採用コンサルタントがビジネスとしてどれだけ発展性があるのかも不透明。一方、中堅層の採用に特化した数百人規模の中堅企業向けの採用コンサルタントであれば、現状、成功している先行プレイヤーも少なく、他流試合での経験からもニーズがあることは確実だ」といった分析ができるというわけです。

もちろん、このポジショニングは仮説に過ぎません。実際にビジネスを始めると、思っていたほどニーズがなかったり、隣接する領域に思わぬニーズがあったりといった発見があり、多くの場合、何らかの軌道修正をすることになります。それはそれでいいのです。

少なくともここまでの準備をしておけば、動き始められますし、何よりすでに大手の競合が市場を寡占している勝ち目のない領域や、そもそもニーズが皆無の領域に打って出る愚は避けることができます。

まずは自分なりの根拠と自信を持って、自分だからこその専門性を掲げて一歩を踏み出すことが重要。それほど見当外れではない第一歩を踏み出すことで、動き出したからこそわかる新たな情報も入ってきます。それが次なるアクションへとつながっていくのです。

## ●ビジネスから商売へ、ビジネスモデルからお役立ちへ

ポジショニングマップを作り、狙っていく市場の照準が絞れたら、これまでに作ってきたネットワークなどを頼りに、**お客様候補となる企業をまず10社見つけてみましょう。**

最初は契約を取ることなどは考えずに、「このようなビジネスを考えているのですが、どうでしょう？」とお客様候補のニーズに自分の狙いが合致しているかどうかをヒアリングしていくのです。

もし、ネットワークを辿《たど》ってもお客様候補となる企業が見つからないということであれば、そのビジネスは残念ながら脈なしです。

10社見つかって意見を聞くことができれば、それがあなたの希少性を磨いていくためのヒントになります。「確かに、中堅層の採用には困っているけど、そういうサービスは前にもあって結局うまくいかなかったんだよ」「おもしろそうだね。もう少し詳しく話を聞

いてみたい」など、いろいろな声が拾えるはずです。

いわば肌感覚のマーケティングですね。

ここで大切にしてほしいのは、自分が取り組む事業を、机上の分析や数字に基づいた「ビジネス」ととらえるのではなく、とにかくお客様を見つけて、お客様の困りごとを解決していく「商売」としてとらえることです。こちらが**頭で考えた「ビジネスモデル」を実践することよりも、お客様に対する「お役立ち」を重視**してください。

なぜなら自分が何に対してどのように貢献できるのか、その本当のところはやってみないとわからないからです。

ですから、まずは**自分の専門性を看板として掲げ、それを接点としてお客様との関係を作っていくことがＦＡ独立の第一歩**となるのです。

この段階では、掲げた専門と多少ずれていても、お客様の要望には積極的に応えるようにしましょう。報酬についてもこの段階では考えないほうがいいでしょう。

お客様の困りごとを聞く、自分の力で対応できる要望にはできるだけ幅広く応えて、

「お役立ち」を積み重ねていくということの繰り返しによって、あなたが今後「商売」していく領域が徐々に鮮明に見えてくるはずです。

## ●「MUST×CAN」思考から、「WILL×CAN」思考へ

本章でここまで説明してきたプロセスによって実現できることは、何も事業を軌道に乗せることだけではありません。

自分の強みを見つけ、お客様の生の声を聞き、お役立ちを達成する一連のプロセスは、あなたのマインドも変えていきます。実はこのマインドの変革こそが、FA独立には大切なのです。

WILL、CAN、MUSTという考え方があります。WILLは「やりたいこと」、CANは「できること」、MUSTは「やらなければいけないこと」です。

企業で長年働いてきた皆さんにとって、仕事は上司から指示されるものでした。やらなければならないこと、つまりMUSTだったわけです。皆さんはMUST思考で仕事に取

り組み、できること（＝ＣＡＮ）を増やしてきました。

この「ＭＵＳＴ×ＣＡＮ」思考自体を私は否定しません。指示や命令があったからこそ、多様な仕事に取り組み、ＣＡＮを積み重ねることができたのですから。

しかし、ＭＵＳＴ思考は独立した瞬間、通用しなくなります。それはそうです。もうあなたに命令する組織もなく、上司もいないのです。**独立したら、あなた自身があなたの上司。もはや誰も命令はしてくれない**のです。

独立したら、もはやあなたは組織のしがらみから解放された自由の身です。自分の好きなように、やりたいように行動することができる。この解放感は格別です。

しかし、自由であることは苦しいことでもあります。自分で考えるより、人に決めてもらったほうが、実際のところはるかに楽だからです。

ドイツの心理学者エーリッヒ・フロムの名著『自由からの逃走』（新版・東京創元社）は、ナチスドイツを素材にこの人間心理の本質について論じています。人は自由になると、自由であることの苦しさから逃れたくなり、統制されることを求めるようになる。人間とはそういうものなのです。

だったら独立なんてしないほうがいいのか。当然ながら答えは否です。自由であることの苦しみを乗り越えてでも達成したいミッションがあれば、私たちは自由の解放感を味わいつつ、生き生きといい仕事をすることができるからです。

ですから、FA独立に臨むにあたっては、**自分が社会の中でどう生きたいのかという使命（＝ミッション）を明確にすることが何より重要**なのです。ミッションをどのように見つけ掲げるかは、前著『50歳からの逆転キャリア戦略』でも詳しく論じたのでここでは省略しますが、ぜひ時間をかけて思索を重ね、揺るぎのないミッションを確立してください。

ミッションが明確になれば、「MUST×CAN」思考は「WILL×CAN」思考へと変わっていきます。「WILL」とは心の底からやりたい仕事のことであり、ミッションに基づいて考えることです。行動の一つひとつを自分が本当にやりたいことから逆算して考えるということですね。これができれば、誰かに命令されずとも、そのつど自分がどう行動するべきかを自分で考えられるようになります。

## ●「WILL」がわからなければ、まず「CAN」から考えてみる

ただし、「この目標を達成するためにこれをやりなさい」と上司から指示され、愚直に長年MUST思考で働いてきたミドルが、いきなり**「あなたのWILLは何ですか？」と問われても、たいていはすぐに答えられないのも現実**です。

そこで提案したいのは、やはり「まずCANから考えること」です。「あなたは何ができますか？」「あなたの持ち味やできることで、誰かを笑顔にできますか？」と自分に問いかけてみるのです。

**働きがいとは、「働」の字が表すように、人のために動く喜びのこと**です。中高年以降になってくると、自分が貢献して誰かが喜ぶというのは承認欲求が満たされるかけがえのない喜びです。CANをやることで働きがいを感じ、もっとこれがやりたいという思いが湧き起こって、WILLになる。このステップで考えるとよいのではないでしょうか。**MUST→CAN→WILLの順に自分の思考を変えていく**とも言えますね。

## 「キャリア自律」への3ステップ

さらに考えておくべきは、自分のやりたいことという軸だけで考えていたのでは商売が成り立たないということ。そこでまた立ち戻るべきは「CAN」。「MUST×CAN」思考の中で磨き上げられてきた「CAN」を改めて「WILL」と組み合わせることで、「やりたいことを商売にする」ことが可能になっていくというわけです。

「WILL×CAN」思考でお客様へのお役立ちを実現し、喜ばれることで、あなたは今までに感じたことのない「働きがい」を得るはずです。この働きがいこそが、あなたが職業人生後半戦を幸せに過ごすための原動力となるのです。

## ●お金になる仕事、お金になってもやらない仕事、お金にならなくてもやる仕事

自分の強み、専門性を見つけ、確立したら、次の課題はその強みを磨き続けていくことです。なぜなら、あなたが**会社で働く中で身につけてきた専門性は、会社を辞めた時点から古び始めていく**からです。

会社に勤めている人であれば、日々の業務を通じて様々な情報が入ってきますし、特に意識をしていなくても自分の専門分野に関して最前線の知識や方法に触れることができますから、自然とバージョンアップすることができます。しかし、会社を辞めると、もうこの恵まれた環境はなくなります。

ですから、**自分で意識して専門性を磨き続け、学び続けていかなければならない**のです。

そのための方法は、**「仕事によって」「業務外の勉強によって」の2つがあり、独立したらこの2つを両輪として回していく**必要があります。

まずは「仕事によって」専門性を磨き、学び続ける方法について説明しましょう。

重要となるのは、独立後に請け負う一つひとつの仕事を「お金になる仕事（稼ぐ仕事）」「お金になってもやらない仕事」「お金にならなくてもやる仕事（学ぶ仕事・認知を高める仕事）」に分類することです。

ここで復習ですが、独立前の他流試合の時期、あるいは独立直後の時期は、まだ自分の専門性を模索している段階ですから、仕事は選ばず何でもやったほうがいいですし、目先の報酬も気にしないほうがいい。この段階で仕事を選ぶことは、気づきや成長のための機会損失につながるからです。

しかし、ある程度自分の強み、専門性が見えてきたら、その後は仕事を選んでいくことが必要になります。ひとり会社の社長はすべての業務を一人でこなさなければならず、専門外の仕事に忙殺されるようになってしまうと、今度は専門性を磨くための機会や時間が奪われてしまうからです。

## ●自分の専門分野と関係のない仕事は、勇気を持って断ることも必要

では、仕事の分類の仕方について説明していきましょう。

ここで言う**「お金になる仕事（稼ぐ仕事）」**とは、これまでのキャリアで身につけた専門性の範囲内で十分こなすことができ、適正な報酬を得られる仕事を指しています。このような仕事は、独立後の主要な食い扶持《ぶち》になりますから、当然やらないといけません。

しかし、この種類の仕事ばかりをやっていると、自分をバージョンアップすることができません。自分の経験値をもとにアウトプットすることで対価は得られますが、新たな学びのインプットが少ないからです。目先のお金ばかり追いかけてこの類《たぐい》の仕事ばかりやっていると、強みが摩耗し、陳腐化していきます。

会社を辞めた直後はいいですが、5年後、10年後のあなたは、それぞれ5年前、10年前の専門性で勝負をすることになります。これでは、最新の知識や方法を身につけている競合に勝つことはできません。「あの人の言っていることは古いから」「いまどきその手法ですか」と、次第に顧客に選ばれなくなっていきます。

ですから、「お金になる仕事（稼ぐ仕事）」が順調に回っていたとしても、安心はできないのです。

一方、**「お金になってもやらない仕事」**とは、報酬は悪くないものの、自分の専門分野とは関係がない仕事です。

例えば、コンサルタントとして顧客企業の経営者と信頼関係ができてくると、経営者が、人手が足りずに回っていない業務に関して、あなたの専門に関係なく、「ちょっと悪いけどこれもやってくれないかな」と依頼してくることがよくあります。

付き合いの深いお客様からの要望でもあり、報酬が悪くなければつい受けてしまいがちですが、こういう種類の仕事を受け続けると、あなたは次第に「なんでも屋」になってしまいます。ＦＡ独立した人にとって重要な軸である強み、専門性がどんどんぼやけてくるのです。

そのうちに**「なんでもできます」イコール「なんでも中途半端なコンサルタント」となっていくことになり、その顧客企業の下請けにとどまり、徐々に仕事が減っていく**ことになりかねません。

「とはいえ、お客様のお役に立つなら……」と考えてしまう人も多いのですが、それによって専門性がぼやけ、肝心の専門分野でのパフォーマンスが鈍っていくとしたら、長い目で見れば、決してお客様のためにもなりません。

ですから、しっかりと理由を説明し、勇気を持って断ることが必要なのです。

## ●報酬が少なくても、積極的に引き受けるべき仕事とは？

では、**「お金にならなくてもやる仕事（学ぶ仕事・認知を高める仕事）」**とはどのような仕事でしょうか。

これは、自分の専門分野に関連する内容ではあるが、すでに持っている専門性だけでは対処できず、同時進行で学ばなければならないような仕事です。勉強が必要ですから、必然的にその案件にかける時間も労力も大きくなります。報酬が見合わないケースもあるはずです。しかし、このような仕事こそ積極的に受けてください。

このような種類の仕事は「やったことがないから」と尻込みしてしまう人も多いはずです。そのうえ報酬もあまり良くないとしたら、断りたいという意識も強くなります。しかし、できるかどうか確信が持てない仕事は、あなたにとって貴重な成長の機会です。これを安易に断ってしまうことは、あなたにとって重大な成長の機会の損失になってしまいます。真剣勝負の仕事を通じて報酬までいただきながらインプットもできると考えれば、その価値がいかに大きいか理解できるのではないでしょうか。

また、その仕事をやったことがプロフェッショナルとしての認知を高めることも目先のお金に換算できないほど価値あるものです。まさにセルフブランディングそのものとなります。

私自身も、独立直後にかつての恩師から人事制度構築のコンサルティングを依頼されたことがあります。人事部門の経験などない当時の私にとっては専門外の仕事でしたが、若手の成長支援に取り組みたいと考えていた私にとっては関連する分野ではありました。苦労はしましたが、この依頼を受け、チャレンジしたことが、今振り返っても自分の大きな転機になったと感じています。

今までの経験に新たに勉強したことを掛け合わせて、現場でトライ&エラーを繰り返す。このサイクルが人を大きく成長させることは、各種の学習理論の研究からも明らかです。**「お金にならなくてもやる仕事」を常に一定の割合で抱えていることは、自分をバージョンアップさせ続けるために非常に重要**なのです。

## ●共に学ぶ仲間を作り、学びをルーティン化させる

仕事で自分をバージョンアップさせることに加え、本やセミナー、勉強会、大学院などで自分の専門分野について学び続けることも重要です。

最新知識のインプットが途絶えてしまうと、「お客様のほうが自分より最新知識に精通している」などという事態にもなりかねません。その分野の専門家として常に学び続けることは、当然のこととして必要です。

しかし、独立後、まだそれほど忙しくないころは意識して学んでいても、忙しくなるとおろそかになってしまうということは往々にしてあります。ですから、**インプット学習に**

**関しては、自分の時間を先に確保しておき、とにかくルーティン化する**ことを意識してください。

そのためにおすすめしたいのは、共に学ぶ仲間を作ることです。

例えば、自分の専門分野に関連するセミナーに頻繁に参加していると、いつも顔を合わせる同業者と知り合いになることがよくあります。また、ＳＮＳでアンテナを張っていると、同業者のサークルや勉強会がいくつも見つかるはずです。

こうしたチャンスを活かして、**積極的にネットワークを広げ、そうしてできた仲間と定期的な勉強会を立ち上げる**のです。

このようなプロセスで知り合った人たちは、多くが勉強熱心ですから、共に学び、刺激し合う仲間としては最適。そんな仲間と、それぞれが仕事で経験した最新事例を報告し合ったり、その分野でトピックになっている最新テーマについて議論したり、関連する分野の本をそれぞれが読んでポイントや感想を披露し合ったりすることで、**一人で勉強する何倍もの気づきを得ることができますし、当然インプットされる知識量も増えます。**

そして、何より定期的に勉強会を開くことで、忙しくてもそのための準備をしっかりとするようになり、学習がルーティン化されます。これが大きいのです。

同じような意味で、夜間開講のMBAなど、社会人向けの大学院に通うこともプラスになるでしょう。大学院は勉強会に比べると安くない学費がかかりますが、国の教育訓練給付制度を利用すると、条件を満たせば100万円を超える給付を受けることも可能です。

いずれにせよ、自分の専門性を磨き続けるという目的のためであれば、投資は惜しむべきではありません。本にしても、講演会・研修・セミナーにしても、大学院にしても、専門性を磨くために必要だと思ったら、積極的にお金を使いましょう。

独立後は、サラリーマン時代の癖が抜けず、無駄な出費をしてしまう人もいれば、その反対に、慎重になりすぎて必要な出費まで含めて抑えがちになる人もいます。

しかし、これも先ほどの仕事選びの話と同じことで、何のための出費かを考え、目的のために必要な「投資」ならケチケチせずにお金をかける、必要ない「消費」は徹底して抑えるといったメリハリが大切になります。

# 第5章

## 営業せずとも仕事が舞い込む「認知度」アップ大作戦

――「先生」と呼ばれる存在になれる4つの方法

## ●「あなた自身＝商品」のブランドをいかに高めるか？

ＦＡ独立し、特に**コンサルティングや講演・研修・セミナー講師のような知的サービスでビジネスを行っていく場合には、あなた自身が商品そのもの**となります。そうなると当然、競合と差別化を図れるセルフブランドを築き上げることが重要になります。

本章の最初にセルフブランド創りの勘所について解説しておきたいと思います。

まずセルフブランドとは、「あまたいるプロフェッショナル人材と差別化する自分の強みや持ち味」と私は定義します。またこれは、社会問題が山積みの世の中において、「生い立ちや公憤（正義感から発する、公共のための憤り）から湧き出す志と生き様」と密接につながっていると私は考えています。つまり、ちょっと流行っているからとか、儲かりそうだからという理由だけで、資格を取ったり、肩書きだけ考えて名刺を刷ってもブランドにはなり得ないということです。

30年前後働いてきたあなたならではの経験値、さらには幼少期にまで遡《さかのぼ》り、人生で育まれてきた自分の強い信念、あなたから見える社会の問題、その解決に自分がどう貢献できるのか。そこから実現したい生き様を考えてみてください。

ちなみに、ブランドについて、雪印メグミルクの「ミルクの雑学」というホームページ(https://www.meg-snow.com/fun/academy/trivia/trivia_023.html)にわかりやすい説明があります。

「あの〝ブランド〟の洋服は私のお気に入り」などと使われている「ブランド」という言葉は、牛の焼印（やきいん）から生まれました。昔、広大な放牧地には複数の農家がいっしょに牛を放牧していました。その中から自家の牛と他家の牛を取り間違えないようにその家のマークの付いた「焼印」を牛のお尻のあたりに押していました。

英語で「焼印を押す」は、Burnedといいます。ここから、他のものと差別化する銘柄やマークを「ブランド」と呼ぶようになったのです。

この説明からわかることは、自家の牛も他家の牛もそれぞれ差別化された特徴を持つ牛であっても、マークがなければ持ち主でさえ見分けられないということです。最も重要なのは第4章で説明したように、あなたならではの差別化された専門性を明確にして磨き続けることですが、それとともにあなたを他者から見つけてもらえるように目印を作ることも欠かせないということです。

世の中に知的サービスを提供するプロフェッショナルがあまたいる中で、余人をもって代え難い、あなたならではの差別化されたマークはいったい何でしょうか？

独立した経営者は常に、これを考え磨き続けています。差別化されていないと顧客に思われた瞬間にコモディティ人材と見なされ、価格競争力も一気に失ってしまうからです。

このセルフブランディングは一朝一夕にできるものではありませんし、独立してから取りかかるのでは遅い。ですから、これも会社にいる間に準備しておく必要があるのです。

## ●セルフブランディング戦略を成功させるための3つの方程式

コンサルタントや講師といった職種をイメージした場合、セルフブランディング戦略の軸になるのは、やはり新聞・雑誌・Ｗｅｂメディアなどでの取材コメントやコラム寄稿、そして何といっても本の出版です。

あなたが自分の専門領域に関して独自の持論やノウハウを持っていたとしましょう。それがどれだけ画期的なものであっても、自前のホームページやＳＮＳなどで発信しているだけではなかなか注目はしてもらえません。

しかし同じ内容であっても、認知度が高く信頼度も高い新聞や雑誌やＷｅｂメディアに寄稿した記事であれば、相手の反応は確実に変わります。商業出版された著書があればなおのこと、相手の見る目は変わります。

私の経験上、セルフブランディング戦略を成功させるには3つの方程式があります。

**①自前のホームページやＳＮＳ（プライベートメディア戦略）より、認知度の高い新聞・雑誌・Ｗｅｂメディアや本（パブリックメディア戦略）で発信すること**

もちろん、あなたの会社やサービスに関心を抱いた顧客がネット検索した際に、自己紹介・自社＆サービス紹介するための最低限の情報は、自前のホームページやＳＮＳに載せておかなければなりません。しかし、セルフブランディングのためには、すでに認知度や信頼性が高い商業メディアに載ることが肝要です。

本を書いているコンサルタントは多数いますが、これも自費出版と商業出版とでは、その効果には雲泥の差があります。たいていの場合、前者は誰もありがたく読んでくれないでしょう。商業出版で、なおかつヒットすればセルフブランドは一気に高まります。

## ②広く知ってもらうためには、広告宣伝する（プロモーション戦略）より、記事に載る（パブリシティ戦略）工夫をすること

あなたが新聞に目を通す際、たとえ小さな記事でも関心事であれば熟読する一方で、広告欄や広告ページはスペースが大きく目立っていても読み飛ばすことが多いのではないでしょうか。また、ニュースサイトで読みたい記事の途中でバナー広告やポップアップ広告が出てきたらウザいだけですよね。でも、広告主は少しでも読者に見てほしいとそれに高額の広告料を払っているわけです。であるならば、ウザがられる広告費を使うのではなく、無料、もしくは取材謝礼や原稿料までもらえて読まれる記事にコメントしたり、寄稿したほうが得策です。

ネットで情報があふれる現代だからこそ、こうしたパブリシティ戦略はますます重要になってきています。プレスリリース配信サービス「PR TIMES」を運営する株式会社PR TIMESが２０１８年に上場するほど躍進していますが、これもビジネスのコミュニケーション戦略として、広告よりも記事が重要視されている背景があるからでしょう。

**③顧客候補の企業や人との接点作りは、こちらから送りつけること（プッシュ戦略）より、相手が調べてたどりついてくれること（プル戦略）**

当たり前ですが、欲しくもない商品・サービスの情報を一方的に送りつけても、人はなかなか興味を持ってくれません。でも、自分が欲しいと思う商品・サービスの情報を懸命に調べて見つけたならば、とてもありがたく受け入れてもらえることでしょう。

ぜひ、あなたも、限られた自分の資本を投入するなら、ダメな３つのPである「プライベートメディア×プロモーション×プッシュ戦略」ではなく、良い３つのPである「パブリックメディア×パブリシティ×プル戦略」をどう創れるかに工夫を凝らしてください。

## セルフブランディング戦略を成功させる3つの方程式

| 良い3つのP | ダメな3つのP |
| --- | --- |
| パブリックメディア戦略 | プライベートメディア戦略 |
| × | × |
| パブリシティ戦略 | プロモーション戦略 |
| × | × |
| プル戦略 | プッシュ戦略 |

※ただし、新規顧客開拓が進み、リピーター顧客が増え、事業が軌道に乗ってきたら、リレーションマーケティングとしてプライベートメディア戦略は有効になる。

ちなみに、このセルフブランディングにおけるパブリックメディア戦略は、新規顧客を獲得するのに効果的です。新規からリピートする固定顧客が増え、事業が軌道に乗ってきたら、並行してプライベートメディア戦略でリレーションマーケティングを実施することも重要になっていきます。定番ではメルマガや勉強会がそれにあたります。最近では著名コンサルタントが会員制のSNSコミュニティやオンラインサロンを開設していますが、これがまさにプライベートメディア戦略によるリレーションマーケティングにあたりますね。

ただこれは、順調に事業が軌道に乗ってからの話ですので、まず皆さんは新規顧客開拓のため、パブリックメディア戦略を重視してください。

また口を酸っぱくして繰り返しますが、もちろん、これらの大前提として自分の専門領域で競合と差別化を図ることができる強みを磨いておくことが必要です。戦略がうまくいって実現して顧客候補の企業や人の目に留まったとしても、中身が期待外れでは本末転倒ですから。商品・サービスそのものであるセルフブランドを磨き続けると同時に、対外的にアピールするための具体的な手を打っていくことも重要になります。

## ●「プッシュ型」営業ではなく、「プル型」営業で顧客獲得

では、さらに具体的な顧客獲得法を紹介していきましょう。

これまでは勤めていた会社の信用度で営業しても怪しまれることは少なかったかもしれませんが、独立してひとり会社の社長となったとたん、営業するほど「聞いたことのない会社だな」と怪しまれて邪険にあしらわれることが必定です。

かといって、会社員時代のネットワークを頼りに口コミで1件、また1件と顧客を増や

していくだけではさすがに限界があります。**「認知度」を上げて未知の顧客との接点を広げていく戦略が不可欠**なのです。

「それでも仕事を獲得するには営業するしかないのではないか」という意見もあるでしょう。しかし、コンサルタント業などでFA独立した場合、無形のサービスを売ることになるので、実績のない段階では値決めが非常に難しい。**プッシュ型営業でこちらから売り込んだ場合、顧客に「業者」と見なされ、買い叩かれてしまう**可能性が高くなります。

独立当初は、顧客とのつながりを広げるために積極的にアプローチすることは確かに重要です。しかし、このアプローチは契約を目的とした営業というよりは、自分を知ってもらうためのもの。それとて認知度がなければ、成果はあがっていきません。

「最初はコンペに積極的に参加して仕事を獲得しよう」と考える人もいるでしょう。しかし、コンペの勝率はこちらが期待するほど高くはありません。健全なことではありませんが、「形式上コンペを行うけれども、実際にはデキレースで発注先はすでに決まっている」というケースも少なくありません。しかも、コンペで負けた場合には報酬は一切支払われないことも多いですから、負けが続くとモチベーションも下がり、動いたぶん資金も減っていきます。

もちろん、自分の力がどう評価されるのか、同業者はどれだけのレベルなのかといった相場観を測るためにコンペに参加することは悪いことではありません。しかし、コンペを顧客獲得の主要な方法に据えることはあまりおすすめできません。

つまり、プッシュ型営業やコンペへの参加ではなく、**プル型営業、つまり顧客から「ぜひあなたにお願いしたい」と依頼が来るような仕組みを作っていく**必要があるのです。

## ●「業者」ではなく「先生」と呼ばれる存在になる

そこで、「今の時代ならホームページやブログやＳＮＳを活用すればいいのでは」と考える人も多いと思いますが、こちらも期待したような成果は得にくいのが現実です。あなたが独立を考えている分野のキーワードで検索をかけてみてください。おそらく想像以上の数の専門家や企業がヒットし、数ページ見るだけでウンザリすることでしょう。

例えば、ホームページで認知度を上げようとしたらSEO対策が必要になりますが、これを本格的にやろうとすると資金力のある大手には敵《かな》いません。ツイッターやフェイスブック、ユーチューブなども競争相手が多すぎるうえ、頻繁に情報を発信するためには大変な時間と労力がかかります。

もちろん、自分の専門領域や強みをまとめたホームページを作ることは必要ですし、セミナー開催情報など、適宜必要な情報を発信するためにSNSは活用できますから、最新のツールに関して、「それを使って何ができるのか」を把握し、使い方を習得しておくことは大切です。「わからないから使わない」はNGです。

ただし、ホームページを開設し、SNSで情報発信を続けていれば自然と顧客が増えていくという過度な期待はしないほうがいいでしょう。

では、どうしたらいいのか。

重要なのは「業者」ではなく「先生」と呼ばれる存在を目指すことです。

もちろん「先生」と呼ばれること自体が目的ではありませんが、専門性を評価され、一目置かれる存在になることを目指すべきです。そのための方法はいくつかあります。

**●各種エージェントに登録する**
**●セミナーの講師を務める**
**●実務家教員枠で大学の非常勤講師になる**
**●本を書く**

本章ではこれらの具体的な方法について解説していきます。大学の講師や書籍の執筆など、ハードルが高いと感じる人もいるでしょうが、必要な投資を惜しまず、適切なアプローチをすれば、皆さんが思っている以上にチャンスはあります。

ただし、その前にやっておくべきことがあります。

## ●個人事業主か法人設立か。目指すべきはどちら？

認知度アップ大作戦に取り組むための前提として重要なのが、個人事業主でいくのか、法人を設立するのかを決めることです。

スモールビジネスであれば個人事業主として展開することもできますし、登録免許税などの費用がかかり、手続きも煩雑なことから法人設立を避ける人もいるでしょう。実際、独立支援をしてくれる税理士などからは、個人事業主でスタートし、順調に事業規模が大きくなってきたら法人化することをすすめられるかもしれません。

しかし、結論を先に言えば、やはり私は**四の五の言わず法人を設立する**ことをおすすめします。


というのも、**個人事業主と法人とでは社会的な信頼度に差がある**からです。特にBtoBで事業を展開する場合にはここが重要になります。

仕事を依頼する側の立場になればわかることですが、相手があなたのことをまったく知らない場合、何の実績もない個人事業主ではさすがに不安があります。しかし、「株式会社○○」の看板があればその不安はいくらか軽減されます（もちろん長年勤めていた企業ほどではありませんが）。何より、そもそも個人とは直接契約しないという企業もあります。

また、個人相手に仕事を依頼するとなると、顧客企業は仕事内容によっては所得税の源泉徴収をしなければならない場合も発生し、支払業務が煩雑になり嫌がられるというデメリットもあります。

つまり、個人事業主のみでBtoBのビジネスを展開すると、無用な不利益を被ることになるわけです。当然、認知度アップを図るうえでもネックになってしまいます。

**法人設立の手間や費用を惜しむばかりに顧客獲得の機会を失ってしまう**事態は、言うまでもなく避けたほうがベターです。

## ●お金の面でも法人を設立したほうが何かとプラス

また、これは第２章の復習になりますが、税金対策の面からも、資金繰りに関する裁量を増やす意味でも法人を設立したほうが有利です。

個人事業主の場合は、売上げから経費を引いた所得に対して税金がかかります。これに対して、法人の場合は、会社の売上げから役員報酬を受け取るという構造になり、個人に対する税金や社会保険料はここに対してかかります。会社側に置くお金は、事業に使う経費や事業を拡大するための投資に充てることができるので、使い切ってしまえばこちらに対して税金はほぼかかりません。役員報酬として自分が得る額は自分で決めることができますから、法人のほうが自己裁量の幅が大きく広がるのです。

ただし、経営者によっては税金を払うのが嫌だからと、会社側に置く収益は経費や投資で使い切ることばかり考える人もいますが、こちらはおすすめできません。なぜならば、会社の体力や安全性を高める内部留保が積みあがっていかないため、コロナ禍のような不測の事態に遭遇して売上げが上がらなくなったとたんに資金ショートし、倒産しかねないからです。私の経験値では、**「自分に払う給料」「戦略的な経費や投資」「税金を納めてでも会社に残すお金」と3等分して考える**ことを基本とすればよいでしょう。

法人にした場合の裁量の大きさにどういう意味があるのかは、サラリーマン生活が長かった人には意外とピンと来ないものです。そこで、少し具体的に説明しましょう。

第2章の88〜89ページの図「毎月の給与明細はこう変わる　年収1000万円の会社員vs.年収360万円の経営者」をあらためて見てください。サラリーマンは給与の額面が高くても、税金や社会保険料で額面の３割も引かれてしまいます。

一方、ひとり社長の場合は年商が１０００万円程度で、役員報酬を３６０万円程度に設定したとしましょう。これを目安に考えると、税金や社会保険料は年収１０００万円のサラリーマンに対して月次で３分の１にまで抑えることができます。

「それでも手取りは大きく減ってしまうな」と思った人も多いでしょうが、サラリーマンの場合は、手取り給与から個人の家賃や自己研鑽費などを捻出することになりますが、ひとり社長は売上げから家賃の一部や接待交際費などは会社の経費として処理できます。その結果、手取り給与から手元に残る割合が高くなります（92〜93ページの図「年収１０００万円の会社員より、年収３６０万円のひとり社長のほうがリッチ」を参照）。図のシミュレーションのように、実質的には**ひとり社長のほうが自由に使えるお金が多い**ということが往々にしてあるのです。

さらには、個人事業主も並行して立てておけば、法人と個人の２段階で経費を使えることになり、稼いだお金の戦略的活用の裁量の幅がぐっと広がります。ちなみに、有名芸能人やプロスポーツ選手が、個人なのに会社を設立するのも同じ理由からです。

もちろん、これらの税金対策も、しっかり売上げが上がってこその話であり、最初のうちはそんな計算をする前に専門性を磨き、認知度を高めて仕事を獲得することに集中するべきではありますが。

まとめれば、事業を展開していくうえでも、個人としての収入を考えても、法人を設立したほうが何かとプラスということです。個人事業主で行くか（白色申告にするか、青色申告にするか）、法人を設立するかについては時間をかけて悩む人も多いですが、私の見解は法人設立一択です。

## ●まずは各種エージェントに登録する

プッシュ型営業でコンサルティングのような無形サービスの契約をいくつも取っていくことは、特に実績がない独立当初には簡単ではありません。また、こちらからプッシュしている関係上、どうしても価格を買い叩かれやすく、顧客から下請け仕事に飢えている「業者」と見なされてしまうリスクもあります。この話はすでにしました。

## コンサルタント、顧問等のマッチングサイト例

- ビザスク（https://service.visasq.com/）
- コンサルサーチ（https://consulsearch.com/）
- 経営堂（http://www.keieido.net/）
- KENJINS（https://kenjins.jp/）
- 顧問名鑑（https://komonmeikan.jp/）
- i-common（https://i-common.jp/）
- HR INSIGHT（https://hr-insight.jp/）
- マイナビ顧問（https://komon.mynavi-agent.jp/）

では、プッシュ型営業ではなくプル型で顧客を集めるにはどのような方法があるかですが、セルフブランディング戦略のもと、まずしておくべきなのは、様々な分野のコンサルタントを顧客と結びつけるサービスを行っているエージェントに登録することです。

今、フリーのコンサルタントや顧問を対象としたマッチングサイトは非常に多くなっています。上図はその一例。ネットで検索すれば、まだまだ出てくるはずです。

これらのサイトでは、コンサルタントを求めている企業が登録しているコンサルタントの一覧からプロフィールや実績などを見て、最適な人材を選んで仕事を依頼します。つまり、コン

サルタント側にとっては営業代行をしてくれるわけです。

ポイントは、プロフィール欄で自分の専門性や強みをしっかりとアピールすること。ここで、第4章で解説したポジショニングマップを使った分析、それに基づいた専門性のブラッシュアップが効いてきます。同じ分野のコンサルタントのプロフィールをしっかりとチェックし、差別化を図りましょう。

なお、比較的制限なく登録できるサイトもあれば、経歴などを審査するサイトもあるので、その点は登録前によく調べてください。

もちろん、登録したからといってすぐに次々と依頼が来るほど甘くはありません。キャリアのあるコンサルタントと比較すると、独立当初は実績で勝てないからです。

そこで、同時進行で次なる手を打っていきます。

## ●自治体や商工会議所が主催するセミナーの講師になる

コンサルタントとしての実績のアピール材料の一つが、セミナーの講師経験です。講師職を得るまでのステップについては第３章で説明した通りです。講師養成講座などに通って「人に教える」スキルを磨き、キャリアのある講師に弟子入りしてアシスタントとして経験を積みながら、セミナー関連の人脈を広げていきます。

講師の依頼は人気が高い人のところに集中しがちですから、師匠である講師から、自分が対応できない仕事を紹介してもらえるケースなども出てきます。つながりができたセミナー主催者から、アシスタントとしての仕事ぶりを認められて依頼が来ることもあるでしょう。このようなチャンスを逃さずとらえていくのです。

中でも**狙い目は、自治体や各地の商工会議所が主催するセミナー**です。調べてみればわかりますが、全国各地で実に数多くのセミナーが開催されています。

師匠が実績のある講師・コンサルタントなら、自治体や商工会議所からの依頼が数多く舞い込んでいるはずです。しかし、これらのセミナーはそもそも参加費が安価であったり、無料であったりすることが多く、講師に対する報酬もそれほど高くありません。つまり実績がある講師にとってはあまり受けるメリットがないのです。

## セミナー集客ポータルサイト例

- こくちーず（https://kokucheese.com/）
- 日本の人事部（https://jinjibu.jp/）
- セミナーズ（https://seminars.jp/）
- Peatix（https://peatix.com/）
- セミナー情報.com（https://www.seminarjyoho.com/）
- セミナーバンク（http://seminarbank.net/）
- ことさが（https://cotosaga.com/）
- ビジネス・セミナー・ガイド（http://www.crosslink.co.jp/seminar/index.html）

※Facebookイベントページ活用、ブログ・ホームページからの集客も可

しかし、これから売り出したい駆け出し講師・コンサルタントにとっては、「自治体主催」「商工会議所主催」というワードは魅力的です。公的な場でも登壇している講師と認知され、信用度が上がるからです。つまり、認知を高めるために「お金にならなくてもやる仕事」の筆頭です。

ただし、独立した専門家はみんなこの価値を知っているため、自治体や商工会議所のセミナー登壇に躍起になっている人が少なくありません。私が独立当初にセミナー登壇を依頼されたある商工会議所のセミナー企画担当者は、「税理士や社会保険労務士、コンサルタントなどの講師希望の営業攻勢があまりにも多く、困っている」とこ

ぼしていました。なので、もしこれらの仕事が回ってきそうなときは、報酬にはこだわらず積極的に手を挙げましょう。

セミナーの開催情報は、前ページの図のようなセミナー集客ポータルサイトで宣伝し、集客を図りましょう。盛況であれば次のチャンスにもつながっていきます。

## ●実務家教員枠で大学の非常勤講師を務める

今、日本の大学は、文部科学省の方針もあり、民間企業などで経験を積んだ実務家教員を増やしています。文部科学省の資料によれば年間１５００～２０００人の実務家教員が非常勤などで採用されているとのことです。

大学教員になるには、通常、大学院博士課程の学位が求められますが、**実務家教員で非常勤であれば、大学院の学位や研究実績は必要としない場合も多く、「大学教員」という肩書きのイメージほどハードルは高くない**のです。

また、２０１９年度から新たな大学の区分として教員の４割以上を実務家教員とするよう定められた**「専門職大学」が登場したことで、今後、実務家教員へのニーズはさらに伸**

**びていく**でしょう。チャンスは十分にあるのです。

とはいえ、企業でのキャリアがあるというだけで大学の教壇に立つのが難しいことも事実です。セミナー講師と同様、教材の作り方や授業方法、成績評価など、大学教員に必要なスキルを一通り習得することが求められます。

そのため文部科学省の支援を受け、ここに来て養成講座も充実してきました。社会情報大学院大学、一般財団法人 全国大学実務教育協会などの大学・組織がすでに大学実務教員を養成するプログラムを開講しているほか、東北大学、熊本大学が2020年から、立教大学、大阪府立大学、名古屋市立大学などが2021年から開講予定。

これらの養成プログラムでは、修了生と実務家教員を求める大学とを結びつけるマッチングサービスに取り組んでいくところもあります。

**非常勤とはいえ、大学教員の肩書きは対外的には大きな信頼につながります。**コンサルタントのマッチングサイトでも大きなアピール材料になるでしょう。

## ●自分の専門分野に関わる本を書く

コンサルタントや講師などの職種でＦＡ独立した場合、頑張って1冊本を書くことで認知度アップを図るのは有効な作戦です。

私自身も、独立前に本を出したことがその後の仕事につながりましたし、周囲にも出版を契機に仕事が軌道に乗ったコンサルタントが何人もいます。実際、書店で販売されている本の著者ともなれば、実績としてはセミナーや大学の講師以上のインパクトがあります。新聞・雑誌などの取材や寄稿依頼も来るようになり、さらなる認知度アップにつなげていくこともできます。

また、自分の本ですから、そこでは自分の考えやサービスをダイレクトに表現できます。その本を読んだ人が内容に感銘を受けて仕事を依頼してきた場合、本業のコンサルタント業や講師業でも自分のやりたいことをできるようになる。良いサイクルができるのです。

しかし、書店で販売される本を出版（商業出版）するのは、簡単なことではありません。

まず出版社への持ち込みを考える人が多いと思いますが、書籍編集の経験がない人が一人で売れる本の企画を立てることは至難の業です。実際、ビジネス書を扱う出版社には数多くの持ち込みがありますが、実際に本になるのはごくわずか。基本的には期待薄です。インターネットの台頭で本が売れない出版不況が長く続いていることもあり、本が売れた実績のない著者のデビュー作を出したいと考える出版社は減る一方でもあります。

なお、自費出版のサービスも最近は増えていますが、こちらは流通に乗らないので認知度アップの役には立ちません。アマゾンで電子書籍を作り、流通させることもできるようになってきていますが、売れる仕掛けがなければ認知度アップには心もとないものです。

ただし、チャンスが減っているわけではありません。

本が売れない時代と言われ、実際に書籍の販売部数や売上げは長期低落傾向ですが、書籍の新刊点数は２０１８年で７万冊を超えており（１日２００冊以上）、２０１３年のピーク時と比べて減少はしているものの、20年前よりは多いのです。なぜこのようなことになっているかというと、出版社のビジネスモデルが大きく変わってきているからです。

これまで出版社はヒットする本を作って売上げを伸ばす、つまり読者からお金をもらうというビジネスモデルでしたが、最近は、著者からお金をもらうビジネスモデルが台頭してきているのです。出版社は書籍の企画・編集のサポートから、流通・宣伝までをパッケージにして提供し、それに対して著者がお金を払うということです。だから新刊点数が増えるのです。

この場合、著者が支払う金額は高額です。フルパッケージなら1000万円ということもありますし、最低限の認知度アップに向け部数や流通の規模を抑えても300万円くらいはかかります。

しかし、2020年の書店数は1万店強で20年前から半減しており、一方で新刊点数は増えているため、実は大半の本が人目に触れずに返品されています。そのため流通・宣伝まで含んだ出版投資には価値があるのです。時間を買う意味もあります。

もちろん、編集者が「売れる」と判断する企画であれば、出版社持ちで本を出すことはできます。そのレベルにまで企画を磨き上げたいのであれば、出版社や出版プロデューサーが開催する著者養成講座に通う方法もあります。これらの講座は受講料も30～50万円と決して安くはないぶん、少人数制でしっかりと企画を商業レベルにまでブラッシュアップできることが多いです。最後に出版社の編集者を前にプレゼンを行う講座もあります。

あるいは、身近に書籍を何冊も出しているコンサルタントや講師がいるなら、彼らにアドバイスしてもらうことで企画を「売れる」レベルに高めるというやり方もあります。私もこれまで何人もの経営者に出版のアドバイスをし、著者デビューを応援してきました。

ただし、前述したように持ち込みから出版に至るのはレアケース。私の身近には約10社に持ち込みをしてやっと出版を実現した猛者《もさ》もいます。そのくらいの努力は覚悟しておくべきでしょう。

# 第６章

## 実践！　会社にいる今から始めるＦＡ独立準備

### ――自分に問う10の質問

ここまで、FA独立とは何か、自分の強みを見つけ、磨くにはどうしたらいいか、セルフブランドの認知度を高めるにはどんなアプローチが有効かなどを説明してきました。

でも、ここまでで満足しないでください。大切なのは、あなたの幸せな独立人生に向けて、具体的に行動を起こすことです。最終章では、総括として、今、**自分がやるべき具体的な事柄について、「10の質問」を通して考えていただきます。**

定年や早期退職するまでにこれらの事柄をクリアできれば、FA独立に向けた準備は万全。次はアクションあるのみです。

## Q1 人生後半のミッション・ビジョンは定まりましたか?

あなたは何のために独立をするのでしょうか。独立して何を成し遂げたいと考えているのでしょうか。

「このまま会社にいても先が見えないから」という理由で独立を考える人も多いと思いま

す。確かにそれは一つの大きなきっかけかもしれませんが、より本質的な部分で自分を鼓舞できなければ、職業人生の後半戦を前向きに生き続けることはできません。

そのために、まず独立に向けた大前提として重要なのが、「ミッション、ビジョンを決めること」なのです。このテーマについては前著『50歳からの逆転キャリア戦略』でも詳しく具体的に論じましたが、非常に重要なことなので改めて触れておきたいと思います。

ミッションとは使命であり、自分の人生＝命をどう使うかということ。ビジョンとは命を使う先に中長期で実現したい人生のゴールイメージであり、理想像です。これを深く考え定めるために大切なのは、かけがえのない自分の人生としっかりと向き合うことです。

また、独立して会社を設立したならば、そのミッション、ビジョンがそのまま会社としてのミッション（＝経営理念）、ビジョン（＝経営ビジョン）となります。

## ●自分の人生があと1年だとしたら何をやりたいか？

そんな大きなことを言われてもどう考えたらいいかがわからない、という人も少なくないでしょう。そんなときは、「自分の人生があと1年だとしたら何がやりたいか」と考えてみてください。すると、あなたにとって時間が有限であることが改めて意識されるはずです。

**有限である自分の人生の時間を何のために使うのか。誰のものでもない自分の人生をどう活かすのか。優先順位をつけて絞り込んでいく**のです。

単にやりたいことならいくつも思い浮かぶかもしれません。「のんびり温泉にでも行きたい」「家族とゆっくり過ごしたい」などいろいろな願望が出てくることでしょう。しかし、それらは、「自分の人生を懸けて成し遂げたいこと」でしょうか。限られた時間の中で、最優先にするべきことでしょうか。

もちろん人によって考え方は様々でしょう。しかし、一時的な休息は求めていても、それが残りの人生で最も重要なことだとは思わない人も多いはずです。

長年第一線で頑張ってきたビジネスパーソンにとって、生きがいとは働きがいのはずです。そうだとしたら、自分がこれからできることは何なのか、社会のために自分の強みを活かしてどのように貢献できるのかが、改めて探究するべきテーマとして浮上してきます。それこそがあなたのミッションであり、ビジョンに通じるものなのです。

## ●ミッション、ビジョンが決まると、物事の判断がしやすくなる

自分にとってのミッションやビジョンを本気で考えることは容易なことではありません。私が営むＦｅｅｌＷｏｒｋｓで開催している「働きがいを育む講師養成講座」にも独立を目指す数多くのミドルが訪れますが、講座の中でミッション・ビジョンについて問うと、やはり決め切れていない人が多い。企業で要職に就いている人であっても、そこで迷ってしまうことは当たり前にあります。それくらい、**一人で考えて結論を出すのが難しいテーマ**なのです。

だからこそただ一人で考えるだけではなく、いろいろな人と対話をしたり、会社の外に出て今までにない様々な経験を積んだり、新たなことについて学んだりすることが重要になります。動きながら考えることで、ぼやけていた輪郭がだんだんとはっきり見えてくるものなのです。

それでも、「自分が本当にやりたいこと」について今まで深く考えることがなかったミドルにとっては難しいテーマです。そこで有効なのが、第4章で取り上げた、「WILL×CAN」思考です。

ミッションやビジョン、あるいは「WILL」が出てこないようなら、まずは「CAN」から考えてみてください。自分がこれまでに築き上げてきたキャリアによって「できること」は何なのか、できるだけ具体的にする。これを糸口にするのです。

その「できること」を通して自分が社会や人々に対してどのような貢献ができるのかを考えていきます。今の会社以外でも、様々な場面であなたの「CAN」は活かすことができるはずですし、求められている可能性もあります。

「こういう貢献ができるかもしれない」と思い浮かぶことがあり、あなたの心がそれで動くようなら、会社の外に出て実践してみましょう。知人の会社で働かせてもらっても週末ボランティアでも構いません。そこで、自分の「CAN」が求められていることを知り、喜ばれることを実感したとき、あなたの「WILL」が浮かび上がってくるはずです。そうするうちにミッションに気づくことができ、ビジョンが見えてくるでしょう。

ここで決めたミッション、ビジョンはその後のあなたの第二の職業人生の軸になります。どのような仕事を選ぶのかはもちろん、受けるべきオファー、断るべきオファーの選択から、日常的な時間やお金の使い方に至るまで、「ミッションのために」「ビジョンのために」という観点から一つひとつの判断ができるようになります。

多くの人は会社員時代にはこのような発想はなかったはずです。あなたの行動や判断の根拠となっていたのは、ほとんどの場合、組織の論理や上からの指示だったはずですから。

本気で自分にとっての**ミッション、ビジョンを決めたとき、決しておおげさではなくあなたの人生は変わります。**

## ●ミッション、ビジョンは変わっていくこともある
## ——FeelWorksのケース

ただし、ミッション、ビジョンは不変のものではありません。変わることがあります。ミッションのほうは正確に言うと、変わるというよりも、研ぎ澄まされ、明確になり、信念になっていくと言ったほうがよいかもしれません。また、ビジョンは中長期で実現した

いゴールイメージですから、時間軸のとり方で変わります。時が進み環境が変化しても変わるでしょう。一つのビジョンを達成したならば、新たなビジョンを描くことも必要となっていきます。

こうしたプロセスを、13年前に独立した私の経験を例として考えてみましょう。

独立する10年以上前の1990年代から2000年代にかけて、前職リクルートで様々なキャリア支援メディアの編集長として、この国の多様な働く人たちの声に触れる中で、モチベーションやエンゲージメントが低下していくことに私は胸を痛めていました。

折しも、バブル崩壊以降、日本企業が苦しみ続け、日本型雇用が様変わりしてきた時期と重なります。短期的な業績・成果ばかりが重視され、非正規雇用の人たちも増える中、人がモノのように扱われて、この国では働きがいが失われていく一方。なんとしても「人を大切に育て活かす社会創りに貢献したい」という思いが強くなっていきました。これが私のミッションとなり、独立し創業したＦｅｅｌＷｏｒｋｓの社志（≒経営理念）となっていきます。

独立する直前の２０００年代半ばの私は、大学生の就職活動を支援する『リクナビ』や『就職ジャーナル』、若手社会人を応援するメルマガ『リクナビＣＡＦＥ』といったメディアの編集長を務めていました。そうした中で、「若者が元気をなくしている」と感じ、まずはこの状況をなんとかしたいと、「若手のキャリア支援」を掲げ、独立しました。「若者のキャリア応援団」――これが２００８年当初の私のビジョンでした。

この若者に対する思い自体は今でも変わっていません。ただし、独立して会社を設立した以上、それは持続性のあるビジネスにする必要があります。企業にとって大切なことは、収益の拡大でも右肩上がりの成長でもなく、その会社ならではの社会への貢献を持続させることです。そのために適切な収益が必要です。

第３章でも少し触れましたが、ここに最初の壁がありました。

当時は、若者を支援するための企画として「ゆるキャリ」というイベントを定期開催し、キャリアを模索している若者たちとつながり、活躍しているひと回り上の先輩ビジネスパーソンのキャリアヒストリーを聞きながら、自分の未来イメージを膨らませて希望の芽を育んでもらっていました。ユニークな活動としてメディアにも多数取り上げられ、それに呼応して私を慕ってくれる若者たちも増え、しょっちゅう、一緒に飲みながら仕事やキャリアについて語り合い、個別相談に乗ったりもしていました。

若者の思いを直に知るうえでは「ゆるキャリ」には大きな意義がありました。

しかし、私の性分もあって、どうしてもかわいい若者たちからお金をもらうことができません。世の中には高額の自己啓発セミナーや就活塾があることは知っていましたが、私には若者ビジネスで収益をあげることはできなかったのです。せいぜいワンコイン500円のイベントの参加費はもらっても、協力してくれたゲスト講師との懇親会費用に消えていきます。不足する費用があれば私持ちですから、利益どころか赤字です。元気になる若者たちの姿に喜びながらも、退職金を元手とした資本金は減り続けるばかりで、「これはビジネスにしていくには厳しいぞ」と悩むようになっていったのです。

## ●ビジョン実現につながり持続可能性も高いビジネスは、こうして見つかった

そんなとき、サラリーマン時代の2005年に書いた私のデビュー作『上司より先に帰ったらダメですか?』(ダイヤモンド社)を読んだある団体幹部の方から、「若者の本音と

育て方」というテーマで講演の依頼を受けました。この本は若手社会人に向けて書いた本でしたが、実は若者が何に悩んでいるのかを知る手がかりとして、経営者や上司が数多く読んでくれていたのです。

なるほどと思って、「ゆるキャリ」運営メンバーを担ってくれていた一人の若者に「僕にしているようなキャリア相談を普段は上司にもしているの？」と尋ねると、彼は「上司と飲みに行ったことなんてもう1年もないですし、面談でも個人的なキャリアの悩みなんて上司には話していません」と言うのです。

さらにわかってきたのは、平日の夜にイベントに参加して元気になった若者も、翌日出社すると上司とのコミュニケーションギャップにぶつかり、すぐに元気をなくしてしまうという現実です。なにせ、将来のキャリアへの希望を胸に抱いて「こんなことをやりたいです」と職場で言おうものなら、「そんな夢みたいなことばかり言う暇があったら、四の五の言わず目の前の仕事をやりなさい」と上司に言われてしまうわけですから。

つまり、上司も部下の若者に関心を持っていて、若者の側にも相談したい悩みはあるのに、両者のコミュニケーションはどんどん希薄になっている。ここで、問題がクリアになってきました。「上司・部下のコミュニケーションギャップ」という多くの職場で起きている社会的な課題をいかに解決するか。若者を直接支援するよりも、自分の経験則から悪気なくマネジメントしている彼らの上司に部下の本音を理解してもらい、向き合い方や育成の仕方をいかに伝えていくか。これこそが「若者のキャリア応援団」というビジョン実現のために、自分たちが手掛けるビジネスなのではないかと考えるようになったのです。

上司にアプローチするのであれば、管理職研修というマーケットもあります。ビジネスの見通しも立ちました。つまり、現場の課題が何であるかを知り、本当のニーズをつかんだことで、ビジョンを実現する持続可能性の高いビジネスを見つけたということですね。

実は、狙ったわけではなく依頼があって『上司力トレーニング』(ダイヤモンド社)という本を2006年に出版していたのですが、2008年から2010年までの3年間は意識的に『頭痛のタネは新入社員』(新潮新書)、『上司力100本ノック～部下を育てる虎の巻』(幻冬舎)、『部下を育て、組織を活かす　はじめての上司道』(アニモ出版)、『若手社員が化ける会議のしかけ』(青春出版社)といった本を矢継ぎ早に書き、そこからは人を育て活かす「上司力研修」という独自の研修プログラムを生み出し、これを柱に事業活動を仕切り直すことになったのです。

### ●ミッションは徐々に確信に。ビジョンは節目節目で見直し

この「上司力研修」がヒットし、独立3年目の2010年には単年度黒字も果たすことができました。そして、様々な企業で若手部下への対応に悩む上司と深く接する過程で、「上司が悪いわけでも、若手の部下が悪いわけでもなく、長期的な人材育成という日本企業の長所が失われて、短期成果のみにシフトしていく組織のあり方こそが問題だ」と痛感するようになっていきます。そこで、2014年からは「この国に『人が育つ現場』を取り戻す」ことをビジョンに掲げ直すようになります。

走りながら中期的なビジョンを考え定め直し、それに合わせて商品・サービスも拡充させていきました。当初は「若者を育てる上司力」という研修プログラムのみでしたが、研修現場で管理職の悩みから新たなニーズを把握して、2011年から2015年の間に『女性の部下の活かし方』（メディアファクトリー）、『年上の部下とうまくつきあう9つのルール』（ダイヤモンド社）、『ダイバーシティの教科書』（総合法令出版）といった本を書きました。併せて、女性の部下、年上の部下、非正規雇用の部下など、様々な部下を育て

活かすプログラムも続々と開発していき、組織開発コンサルティングも手掛けるようになります。ダイバーシティ・マネジメントという専門領域の確立にもつながっていきました。

そうこうするうちに、就職氷河期で採用が抑えられたこともあり、プレイング・マネジャーが増加。働き方改革やハラスメントなど上司を悩ませる変化も続々と押し寄せてきて、責任は重くなるのに裁量は増えないことに悩む上司が急増していることに気づきます。2015年に書いた『上司の9割は部下の成長に無関心』（PHPビジネス新書）という本の帯には「忙しすぎて部下を育てる余裕なんてない…」という悲痛な声が謳われました。そんな上司を見て「あんな管理職になりたくない」という部下も増えてきました。

こうして、次第に上司自体が元気を失っていくという状況に私は胸を痛めるようになっていきます。こうした変化の中で、2016年に『「働きがいあふれる」チームのつくり方』（ベストセラーズ）、2018年に『一生働きたい職場のつくり方』（実業之日本社）、そして2019年には『50歳からの逆転キャリア戦略』を出版。それとともに、会社のビジョンの見直しに着手し、2020年からは「日本の上司を元気にする」に定め直しました。多様な部下に影響をもたらす上司が働きがいを感じて生き生き働くことこそが、上司自身のためはもちろん、部下や組織全体としても重要だと考えたからです。

こうして私は、ミッションである社志「人を大切に育て活かす社会創りに貢献する」は強い確信に昇華させながら、自分の経営する会社がどこに向かって走っていくのかという中期のビジョンは節目節目で見直してきたわけです。

## Q2　強みを不動にする経験を積んでいますか？

Q1では、自分の強みを活かして独立した第二の職業人生において、何を実現したいのかを明確にしました。しかし、この「強み」は常に磨きをかけていかないとだんだんと錆びついていきます。強みを不動のものにしていくには、不断の努力が求められるのです。

最も大切なことは、**自分が専門とする領域の最新の実務に触れ続ける**ことです。

今、あなたが企業に勤めているとしたら、最新の実務に触れる機会は豊富にあるはずです。チャンスがあれば手を挙げて自分の経験値を高めることが大切です。会社の仕事でカバーできないことは、社外の勉強会、研究会、研修、セミナーに積極的に参加して、最新の理論や手法をインプットしましょう。関連する本を読むことも欠かせません。大学や大学院に入り直すことも有効でしょう。

ただし、知識をインプットしただけでは強みにはなりません。現場の実務でそれを実践し、試行錯誤を繰り返すことで、自分ならではの「強み」にまで高めていくことができます。社内だけでなく、他流試合の現場でもそのチャンスはあるはずです。

例えば、あなたが足で稼ぐ営業スタイルでやってきた営業マンだったとしましょう。今はセールステックという新たな波が来ている状況。このときにあなたが足で稼ぐスタイルにこだわり続け、新しい手法に見向きもしなければ、すぐに強みは強みでなくなります。

この場合は、セールステックについて本や研修で学びながら、社内でセールステックを活用した営業を自ら提案し、実践することが必要になります。

## ●「これは!」という人には直接話を聞きにいく

また、最新の理論や手法を実践している人に直接話を聞くことも大切です。「知人・友人のツテを辿って会う機会を作る」というアプローチの仕方もあるでしょうし、何のコネクションもない人であっても、講演会などに足を運び、懇親会で名刺交換してつながりを作れば、直接話を聞かせてもらえる可能性はゼロではありません。もちろん、正攻法でいきなりアプローチしてもいいでしょう。自分が勉強会を主催して講師として招くという方法だってあります。

私自身、「この人の話を聞きたい」となったらすぐに行動を起こすタイプ。経営者や大学教授などの研究者の本を読んで感銘を受けたり、講演を聴いて心酔すれば、すぐに手紙を書いたり、ネットを通じてコンタクトします。今でもそうです。私の会社のメンバーたちは「面識もないのにいきなり会ってくれなんて言ったら驚かれないですか」と心配しますが、何もしないより会ってもらえる可能性は確実に高まるのですから、動かない理由はありません。

お会いして意気投合し、ＦｅｅｌＷｏｒｋｓがプロデュースするセミナーや研修に登壇していただくことも多々あります。こうした活動を会社員時代はもちろん、独立してからも精力的に続けてきました。その甲斐あってご縁が積み重なり、今では何か知りたいと思ったときに「この人に聞いてみよう」とすぐに連絡ができる貴重な人的ネットワークになっています。

また有難いことに、本を書いたり、メディアで連載をさせていただく機会も増えているので、その機会を活用させてもらって会いたい人に取材やインタビューも続けています。こうして、その道の専門家に直接学べるルートを独自に形成でき、まさに私の強みを不動にする経験の土台になっています。ローマは一日にしてならず。とにかく1日でも早く自分からアクションを起こすことが大切です。

自分の強みを見出したら、会社を辞める前から強みを磨き続けることを意識してください。そのための経験を常に積めているか、自分に問い続けることが求められるのです。

## Q3 弱みを補強する経験を積んでいますか？

独立してひとり社長になると、自分の強みとなる領域以外の仕事もやらなくてはいけません。商品企画をどうするのか、経営戦略をどうするのか、さらには営業・経理・財務・

法務・購買・総務といったことまで、自分でカバーしなくてはいけません。もちろんアウトソースしてもよいのですが、自分が勘所をわかっていなければままならないでしょう。

どこかに弱みがあると、独立後、そこで躓《つまず》くことになります。お金の管理ができずに資金がショートしてしまっては、いくら強みを磨いても事業は成り立ちません。

本やセミナーなどである程度までは学ぶことはできるでしょう。しかし、それはあくまで「ある程度まで」です。実務としてやってみたときにどんな問題が起きるのか、それにどう対処したらいいのかといったことは、実際にやってみるか、あるいはその領域のエキスパートに話を聞いてみなければわかりません。

そこでおすすめしたいのが、**企業にいる間に他部署の仕事を経験する**ことです。可能であれば、異動願いを出してもいいでしょうし、社内副業の制度があればそれを利用するのもいいでしょう。

では、制度がない場合にどうするか。やれることはいくらでもあります。他部署の同期に話を聞かせてもらってもいいでしょうし、有給をとって、無償で他部署の仕事を1日手伝わせてもらう、それが難しければ見学させてもらうといったやり方もあります。

## ●弱みを補強するチャンスは、今の会社の中に豊富にある

企業で長く働いている人は「そんな会社のルールにないようなことできるわけないだろう」と思うかもしれません。しかし、規則に反することでなければ、本来できないこと、やってはいけないことなどないはずです。

独立をすれば、自分でルールを作り、自分で行動する自律が求められます。「ルールにないから」行動しないというサラリーマン的発想ではやっていけません。相手が「無理だ、迷惑だ」と言うなら仕方ありませんが、何もせずに自分から遠慮して行動を制約しているようでは、独立してもまずうまくいかないでしょう。

自分の目標のために、会社のルールにないことにも積極的にトライする。これは独立後に必ず求められる行動力を養うためのトレーニングでもあります。

企業には多様な部署があり、自分の弱みを補強するチャンスは豊富にあります。そのチャンスを活かせているか、変に遠慮して尻込みしていないか、この点も自分自身に常に問い続けるようにしてください。

## Ｑ４　脱サラ独立した先輩に話を聞いていますか？

第1章で説明した通り、独立をしたいと考えたとき、社内の上司や先輩、同僚に相談をしても意味はありません。これらの人たちは、組織のルールの中でずっと生きてきて、独立した経験がないからです。もちろん、悩みや不安を打ち明けることは心の支えになるでしょうが、独立の是非や心構え、具体的な動き方の相談は相手にとっても未知の世界で答えようがないでしょう。

あなたが話を聞くべきなのは、脱サラ独立した経営者です。同じ会社・部署にいた先輩でも、あるいはあなたのことを知らない経営者でもいいでしょう。できるだけ多く話を聞くことをおすすめします。

大切なのは「独立したほうがいいか、やめたほうがいいか」を聞くことではありません。それを決めるのはあなた自身です。何より相手は自分でその道を選んで脱サラ独立しているわけですから、基本的にはあなたを止める理由などありません。

脱サラ独立した経営者に数多く会うことの目的は、組織人で生きている人たちの常識とはまったく違う、経営者の常識を体感するためです。とにかく、サラリーマンの常識が染みついている人にとっては、独立して自らの足で歩んでいる人たちの言葉は新鮮に響きます。掟破りにも常識外れにも聞こえます。その刺激こそが重要なのです。

私も独立前には、脱サラ独立した経営者から**「あなたは口で言っているだけで、いつまで経っても行動しないじゃないか」**と鋭く指摘されたことがあります。思い描いたこと、口にしたことは行動に移すという習慣は今でこそ身につきましたが、当時はまだ私もサラリーマンの常識から抜け出せてはいませんでした。むしろ口では「独立したい」と言っていながら、自分の中で言い訳を作ってはなかなか行動を起こせていなかったのです。

その先輩の言葉は当然胸に刺さり、独立への大きな後押しになりました。

## ●独立の先輩から「止めておけ」と言われたら？

先ほど、脱サラ独立した経営者は独立することを止めないと書きましたが、例外もあります。それはあなたの考えが甘かったり、覚悟がなかったりする場合です。心底止めようとしているわけではなく、相手を試し、刺激するために「止めておけ」と言うのです。

それも貴重な助言です。あなたにとってはサラリーマン的発想が抜けていないことを再確認する機会になるでしょう。

もちろん先輩たちは独立のために必要な準備、するべき覚悟などについても話をしてくれることでしょう。独立当初の苦労話なども大いに参考になるはずです。

脱サラ独立した先輩たちが語る常識に触れていくことで、あなたの常識も変わります。そのような機会を数多く持てているかどうかも、会社にいる間に自分自身に問うべき重要な事柄です。

## Q5　名刺に依存しないご縁を作っていますか？

長年第一線で働いてきたミドルであれば、今までにそこそこの人脈は作れているはずという自負もあるでしょう。しかし、**サラリーマンであるあなたが名刺を渡したとき、相手が見ているのは、会社のブランドであり、どれだけの権限を持っているかを示す役職**です。あなたの名前は、はっきり言ってしまえば相手にとってそれほど重要ではありません。

しかし独立すれば、会社の看板も役職の肩書きももうなくなります。つまり、会社のブランドや役職に頼らない、あなたのセルフブランドを築き上げることが重要になるのです。

第5章でお話ししたように、もちろん人に知ってもらわなければブランドにはなりません。かといって、何の実績もない個人がいきなり大々的に広告を打って（それ自体、非現実的ですが）知名度を上げようとするのも無理があります。

では、どうすればいいか。会社にいる間から、自分がやりたいこと、自分の強みなどをしっかりと伝えながら、ご縁があった一人ひとりとのつながりをしっかりと作っていくことが大切になります。

キャリアが長いミドルは、ついつい会社の看板や役職の威光に頼ったコミュニケーションをしてしまいがちです。まずは自分がそのような**「コミュニケーションにおけるサラリーマン病」に陥っていないか**を振り返ってみましょう。もし、その傾向があるなら、即刻その改善に取り組んでください。

前著『50歳からの逆転キャリア戦略』でも詳しく書きましたが、かくいう私もお恥ずかしながら、**「会社員時代に名刺交換した方々700人に独立のご挨拶状を送ったものの、反応はゼロだった」**という辛い経験があります。後日談として、先日、この本のエピソードを読んでくれた脱サラ経営者仲間と懇親した際、「いやあ、実は私も同じ失敗をしたんだよ」「この人はという人がそっけない態度に変わったのはショックだったよな」とみな口を揃えて話してくれました。多かれ少なかれ、独立すると誰しもが受ける洗礼なのでしょう。

だから、部下であれ、取引先であれ、社外で知り合った人であれ、会社のブランド・役職とは関係なく、一人の人間として付き合う。これができるようになることが第一歩です。

## ●会社の看板を抜きにした関係を、会社にいる間にどれだけ築けるか

そして、できるだけ定年や早期退職するまでの間に社外でのつながりを広げておきましょう。独立したら、いきなりお客様が目の前に現れるわけではありません。今、仕事で付き合いのある人が、独立後もあなたをサポートしてくれるとは限りません。独立後に生きるつながりのすべては、会社にいる間にどれだけ名刺に依存しないご縁を作ることができるかにかかっています。

社外でのつながりを広げる手段は、やる気にさえなればいくらでもあります。ビジネススクールに通う、勉強会や研究会に参加する（あるいは自分で立ち上げる）、副業で他流試合に臨むなど、これまで本書で紹介してきた方法がいくらでも使えるはずです。学生時代の同級生といったウィーク・タイズを大切にすることも重要でしょう。

経営者とのつながりを広げたいなら、中小企業家同友会、倫理法人会、日本青年会議所（JC）など、サラリーマンのうちでも参加可能な経営者団体のメンバーになるという方

法もあります。

このように会社の看板を抜きにして築き上げた関係が少しずつ広がっていくことで、あなたの個人としてのブランドが形成されていきます。そのための努力ができているかどうかは常に自分に問い続けてください。

## Q６　競合と差別化できるセルフブランドを創っていますか？

前著でも触れましたが、私は将来の独立を視野に、会社に勤めているうちからメディアの編集者とのつながりを広げ、記事や本の企画の提案をしていました。仕事が終わると夜な夜な紹介を通じて知り合った編集者と会っては持論を語り、機会があればコラムや本も書いてみたいとアピールを続けたのです。

もちろん簡単に実現はしませんでした。ほとんどのマスコミ関係者には私の問題意識に興味を示してもらえず、かれこれ３～４年はもがいていました。

2002.9.15. 朝日

# 私の視点 サンデー

## ◆資格ブーム 能力評価の基準が必要

学習情報誌「仕事の教室」（リクルート社）編集長
前川《まえかわ》 孝雄《たかお》

雇用不安などを背景に、様々な仕事の専門知識や技能の資格を取得しようとする人が増えている。ここ数年、費用を補助する厚生労働省の教育訓練給付制度にも支えられ、国家資格のほか様々な民間団体が認定する資格でも、実に多くのビジネスマンやOLが関連講座などで学んでいる。当社の学習情報誌も創刊時の首都圏版から今や全国各地で版を重ねるに至っている。

企業側も、高度な技術や専門知識などを持つ即戦力型人材を中途採用などで求める比率が高まってきていることが、リクルートワークス研究所などの調査で明らかになっている。

しかし、その採用最前線は、これらの資格を積極的に評価しているとは言い難い。むしろ、若さの可能性への期待や面接による人物評価など従来通りの業界通念型人材獲得法がまだまだ根強いと言える。

求職側にも問題はある。厳しい雇用環境でも「資格さえ取れば」と、めざす仕事の実態と資格の関連性をよく理解しないまま、取得するケースが目立つ。

まず、目的であるやりたい仕事を明確にし、自分の能力を冷静に判断したうえで、不足する知識や技術を補うための資格を目ざすべきだろう。経験や、やる気などの要素を求められることも忘れてはならない。

双方の意識改革を図ることは重要な課題だ。しかし民間を含め様々な団体や教育機関がそれぞれの視点で資格の認定や講座の開設を試みるなかでは、何を学ぶことがどんな仕事につながるのかが分かりにくくなっていることも確かだ。教育訓練給付制度の対象講座も98年の発足当初の3千数百講座から今年春の時点で2万講座を超えている。

現在の経済環境で雇用情勢を改善させるために国を挙げて取り組まなければならないのは、労働市場における能力評価のものさしづくりであろう。資格取得に挑む人々の努力が確実に実を結ぶためには、あらゆる職種において必要な知識や能力を標準化し、それを身につけたかどうかが客観的に分かる資格認定制度を早急に整備すべきだ。

外国では成功例もある。英国の職業資格制度（NVQ）は、産業界が協力して約800の職業資格を体系的に定めて全企業の4割以上が導入している。大いに参考にすべきであろう。

日本では現在、国家資格として技術系職種中心の技能検定のほかホワイトカラー系のビジネス・キャリア制度や宅地建物取引主任者、旅行業務取扱主任者など業務独占型資格がある。

が、技能検定は職種などが限定的で、転職希望者に広く活用されていると言えない。ビジネス・キャリア制度も資格の価値が浸透しないために累計認定者数はまだ5万人にも満たない。

一方、民間資格ではIT系企業のエンジニア認定制度や英語のTOEIC、国際会計のBATICなど実践的な資格制度の萌芽もみられ、期待される。

日本の職業資格制度はまだ発展途上といえる。企業の多くは事業構造の見直しや新たな価値創造を迫られており、未来に通用する知識や技術に対する評価制度の重要性を認識している。

その実現のためには、各産業団体がそれぞれの職種などで求められる具体的な実務や能力についての基準を組み立ててゆくことから始めることが必要だ。国策レベルでの取り組みが欠かせないと考える。

ただ、そんな私の様子を見て応援してくれる人も現れ、努力の甲斐あって、朝日新聞の編集委員の方の目に留まりました。その後も何度か企画を出してはダメ出しされることを続け、やっとの思いで記事掲載が最初に実現したのは2002年、朝日新聞日曜版の「私の視点」への寄稿でした（右が実際の記事）。当時編集長を務めていた雑誌『仕事の教室』で抱いた問題意識を、「資格ブーム―能力評価の基準が必要」というコラムにまとめました。

この記事が出たことで、会社の役員からも「あの記事読んだよ」と声をかけられ、他のメディアから新たなインタビューの依頼が舞い込むようにもなっていきました。ちょうど独立する６年前のことでした。

## ●初めての本を出版するまでに5年以上かかった

さらには、こうして増えていった寄稿コラムや取材コメントした記事をファイリングして、今度は私の問題意識を１冊の本（もちろん商業出版狙いです）にしようと、出版社巡りを始めました。紹介された編集者に会うたびに、パブリックメディアに載った私の記事を見せながら、Ｑ１でお話ししたような、「日本の若者を元気にしたい」「今の日本の会社の人材育成は弱体化している」「上司とのコミュニケーションギャップは深刻だ」といった熱弁をふるい続けました。

しかし、ここでも、出版経験のない著者デビューを請け負ってくれる出版社や編集者にはなかなか出会えず、あっという間に２年が経ちました。もちろん、この間、本来のサラリーマンとしての仕事は組織人としてやりながらです。

そうこうしているうちに、私の問題意識に反応し、意気に感じてくれるビジネス誌記者が現れました。さらに、「前川さんのやろうとしていることは世直しだね。関心を持ってくれるであろう書籍編集者とつなぐよ」と一席設けてもらい、紹介いただいた編集者も想像以上に関心を持ってくれたのです。

そうして企画を何度も一緒に練り込み、やっと処女作『上司より先に帰ったらダメですか？』の発行が決まったのは商業出版へのアプローチを始めてから3年（本の構想からは5年以上）、２００５年初頭のことでした。独立する3年前です。

ちなみに、実はここからが本当の生みの苦しみでした。当時私は会社で幹部管理職の立場であり、今のような働き方改革などもなかった時代で残業もかなりしていました。でも、せっかく企画が通ったからには岩にかじりついてでも書き上げると決意し、毎日帰宅する午後11時〜午前0時からの3時間、午前3時までを執筆時間と定め、3カ月で1冊書き上げました。しかも慣れない執筆だったので、実際に本になった原稿の2倍近い原稿を書いて、編集者に手直ししてもらい、やっと世に出たのです。

出来上がった本を手にしたときの感動は今も忘れられません。

## ●セルフブランドは「掛け算」で創っていくこともできる

私の場合は、もともと雑誌の編集長という立場にあったため、マスコミからの取材を受ける機会や知り合いが多かったというアドバンテージはありました。ただ、他の業界のミドルでも、取材・寄稿などの依頼を受けるチャンスは十分あります。

例えば、業界の動向やトレンドになっている技術について、業界誌などから会社に取材依頼が来ることはよくあるはず。そのような機会に積極的に手を挙げて、社内でスポークスマン的なポジションを獲得していけば、あなたへの依頼はさらに増えます。

本は、特に第1作目の出版にこぎ着けるまでは大変ですが、時間がかかるからこそ独立するかなり前から動き出し、実現しておきたいところです。私がデビュー作を出版した当時は、会社員が会社の指示とは関係なく自分の名前で本を出すことに対して会社の理解は十分にはありませんでしたが、今は世の中の風向きは変わってきています。副業解禁の流れの中でだいぶ取り組みやすくなっているのではないでしょうか。社員が有名になることで会社にも貢献できると説明できるなら認めてくれる風潮は少しずつ高まっています。

なお、職種によっては、競合との差別化したセルフブランドを効果的にアピールすることも重要です。例えば、社会保険労務士や司法書士などの士業。

社会保険労務士や司法書士は独立を意識して取得する人も非常に多い資格ですから、資格名だけで新規の顧客の目にとまることは難しいものです。

ただし、これらの士業には、それぞれ多様な業務分野があります。そこであえて幅広い業務に対応できることをアピールするのではなく、そのうちの自分の得意分野に絞ってホームページを充実させるのです。例えば、司法書士であれば「相続」などですね。単に不動産登記の手続きを代行するだけでなく、相続全般についてサポートできるということを効果的にアピールできれば、第一段階の差別化ができます。

相続であれば、地元の人々を対象に仕事ができますから、郊外に事務所を設けてもOK。広いスペースも必要なく、都心ほど事務所家賃はかかりませんから、自宅を事務所にすることにこだわらなくてもいいでしょう。「得意分野」と「エリア」の掛け算で、SEO対策に費用をかけずとも検索画面で上位に表示させることが可能になります。

セルフブランドは、余人をもって代え難いあなたならではの強みです。つまり、いかに希少性を高めるかが重要になるのですが、これは「資格」×「得意分野」×「エリア」×「業界」……など掛け算で創っていくことも有効です。

セルフブランドの創り方については第5章でも詳しく触れましたが、その構築にはとにかく時間がかかるもの。定年や早期退職するまでの間にしっかり作戦を練り、動き出しましょう。

## Q7　会社設立に向けた準備はできていますか？

独立するのであれば、個人事業主でいくよりも法人を設立したほうがいいということはすでに説明しました。しかし、会社を辞めた後、事業もスタートしながらバタバタの状況の中で法人を設立するのは非常に大変です。これも会社にいる間に準備を始めましょう。

この本で提唱しているFA独立では、**自宅を事務所にすることをおすすめしていますが、この場合、家族の了解をしっかり得ておくことが重要**です。コロナ禍のリモートワークで「自宅で働く」ことには働く人自身も家族も慣れてきているかとは思いますが、自宅が会社になると、またいろいろと細かな問題が出てきます。

例えば、自宅の住所がオフィシャルにオープンになることについて家族にしっかりと説明しなくてはいけませんし、会社宛に問い合わせの電話が入ることにも家族で対応方法を話し合っておく必要があります。

前著でも触れたように、会社を辞めることについて妻の理解を得ることは、人によっては苦労をすることもあるものです。この法人設立の準備と合わせて、時間をかけて話し合い、独立プランに配偶者などパートナーも巻き込んでいくことも一つの方法ではないでしょうか。

また、法人設立のためにどのような手続きや準備が必要なのかは、参加費の安い自治体の独立開業セミナーなどでひと通り勉強しておきましょう。このようなセミナーなら、独立開業をサポートする自治体の制度などについても細かく説明を受けられますから、あとから「あの制度を利用しておけばよかった」と後悔することも少なくなるはずです。

## ●専門家に相応の費用を支払い、時間を買ったほうが賢明

同時に、法人設立後のパートナーとなる税理士探しにも着手しましょう。「売上げもないうちから税理士に依頼するのはちょっと……」と思うかもしれませんが、収入や支出の管理、節税対策などについて最初からサポートしてもらうことで、お金に関して手を取られたり、気を揉んだりする時間を減らせます。素人考えで節税のつもりでやったことが脱税に相当してしまうこともあるので、専門家の目は必要です。

**一人信頼できる税理士を見つけることができれば、法人登記を依頼する司法書士を紹介してもらうこともできます。**

中には税理士費用を節約したいため、できるだけ法人設立手続きも税務申告なども自分で調べて自分でやろうとする人もいます。ホームページの制作なども同じですね。もちろん、会社を設立して独立する要《かなめ》の仕事であるため、人任せにせず、自分でやってみようと

いう姿勢は評価します。

しかし私は、餅は餅屋に任せたほうがよいと考えています。素人が不慣れな手続きをゼロから勉強してやるにはやはり時間がかかりますし、精度も落ちます。

人生100年時代とはいえ、ミドルの独立ですから、若者のスタートアップ起業のように、人生の時間が有り余っているわけではありません。自分と家族の精神衛生上も事業が軌道に乗るまでの時間は短いほうがよいはずです。

そういう意味では、税理士など専門家に相応の費用を支払い、時間を買ったほうが賢明です。これは投資の感覚とも言えます。

## ●税理士さんに頼りすぎて失敗した私のケース

ただし、餅は餅屋に任せるという意味では、税理士さんに頼りすぎるのは禁物です。私自身、独立してから数年お願いしていた税理士さんに頼りすぎて失敗した経験がありま す。税理士さんも商売ですから、依頼当初は「法人設立のサポートはもちろん、経営面のパートナーにもなりますよ」と営業してきます。

脱サラし相談相手も少なかった私は、その言葉に期待して、何かと税理士さんに経営相談をしていました。Q1でもお話ししたように、ミッションやビジョンはあれども、それをどうビジネスにして稼いでいくのかもがいているさなかでもありましたから、顧客開拓、商品・サービス、営業活動など、とにかく悩みを打ち明けていました。

ただ、なかなか思うようなアドバイスもコーチングも得られません。しかも、ちょっと売上げが上がってきたら、それに合わせて報酬を上げてほしいという交渉も強くなってくる始末。そんなさなか、弱り果てた私は、私より10年以上も前に独立し経験も豊富な経営者の先輩に相談することにしました。私の悩みを聞いた瞬間、開口一番、先輩経営者はこう話してくれました。

「あのね。前川君、経営の相談を税理士さんにしてどうするんだ。経営の相談をするなら、経営者にしないと。その税理士さんは経営者としても経験豊富なのか？」

私はハッとしました。お願いしていた税理士さんも、私と変わらず数年前に税理士資格を取って大企業から独立したばかり。小さな雑居ビルにパートタイムの従業員を一人抱えるのみという状態だったからです。
その先輩経営者はこうも話してくれました。

「税理士さんには、タイムリーにＰＬ（損益計算書）とＢＳ（貸借対照表）を作ってもらい、それを羅針盤としながら経営をするのはあなただろう。それを丸投げしてどうするんだ。税理士さんは、決算、確定申告と税務調査が入った際の対応さえしっかりしてくれれば十分だろう。それから、税理士さんも税務申告業務を担っている仕事柄、半分は味方で半分は敵かもしれないんだぞ」

私は目が覚めたような思いでした。すべては、私に経営者としての自覚がなかったことが原因。税理士さんの営業トークにつられて、過度な期待をして、それに応えてもらえないことに勝手に憤っていたというわけです。いわば餅屋でお酒を買おうとしていたようなものです。

これまでも、「独立するなら、すでに独立している経営者に相談するべきだ」とお話ししてきましたが、こうした苦い失敗からの教訓でもあるのです。

目が覚めた私は、互いの行き違いから関係がこじれてしまった税理士さんとの契約は解消し、お願いする業務を税理士さんの専門分野に絞り、新たな税理士さんと契約し直すことにしました。

話を戻しましょう。今の副業解禁の流れの中で、サラリーマンのまま法人設立するチャンスも出てきました。であれば、辞める前に法人を作っておくというのも有効な手です。会社の制度を確認して、法人設立が可能なら、さっそく準備をスタートしましょう。

## Q8　自分ならではの商品・サービスは何ですか？

ＦＡ独立に際しては、大企業のように、スケールメリットで商品単価を下げるとか、ある分野に関して包括的なサービスを提供するといったやり方は当然ながらできません。大手がカバーしきれないようなニッチなマーケットに、自分ならではの商品・サービスをピンポイントで提供していくことが求められます。言い換えると、ある程度の規模の企業がやりたがらない面倒な仕事を引き受けることにこそ活路があるのです。

では、この「自分ならではの商品・サービス」をどのように作り上げていけばいいのか。これはセルフブランドの構築と同様、簡単なことではありません。

自分の強みについてはすでに明確にしているとして、その強みを活かせるピンポイントの商品・サービスを検討していくわけですが、これは一人で頭を捻っていても答えが出る問題ではないというところがポイントです。

本書でも、再三、他流試合の重要性、会社の外に顧客候補を見つけることの重要性は説明してきましたが、**自分ならではの商品・サービス開発は、これらの会社の外での実践を通して、顧客候補の声を聞き、分析とトライ&エラーを重ねることで初めて実現できます**。このテストマーケティングこそが非常に重要なのです。

私の場合は、独立時点で、「若者のキャリア応援団」というビジョンは漠然と持っていましたが、具体的な商品・サービスについては明確になっていませんでした。これは今にして思えば反省点です。もっと早く取り組んでおくべきでした。

Ｑ１でお話ししたように、独立後に、若手社会人を集めた定例イベント「ゆるキャリ」などに取り組み、これがテストマーケティングにもなったわけですが、ここで見えてきたのは「自分の性分的にも、若者からお金をもらうビジネスモデルでやっていくのは厳しい」ということでした。つまり試した結果、ビジネスの可能性が一つ消えたわけです。

一方で、企業の経営者や人事担当者に話を聞く中で、若手の部下を育成する立場にある上司層への研修ニーズがあることがわかってきました。そこで、「上司に対して若手の部下を支援するマネジメントをテーマとした研修をすれば、間接的に若者のキャリアを支援することができる」と自分のミッションと顧客ニーズとの接点を見出すことができました。

当然、多くの老舗研修会社が提供するような管理職研修を提供したのでは、差別化は図れません。そこで、私が得意とする「コミュニケーション」を軸にしたマネジメント理論を構築し、それを反映した研修プログラムを作成しました。結果的に、この「上司力研修」がＦｅｅｌＷｏｒｋｓならではのサービスへと育っていくことになったのです。

## ●商品・サービス開発と営業・顧客開拓は実は表裏一体

なお、テストマーケティングで重要になるのは、報酬は気にせず、かつリスクは恐れず、思いついたことはどんどん試すことです。あくまでテスト期間、トライアルなのですから、問題があればそのつど方向転換なり修正なりしていけばいいのです。

長年組織で働いてきたミドルはどうしても失敗を恐れ、新規のアイデアに関してもリスクの回避や潰し込みに力を入れがちです。しかしそのやり方では商品・サービス開発のスピードが遅くなりますし、そもそも独自性のある商品・サービスが生まれにくいのです。とにかく積極的に仕掛けていくことを何より重視してください。サラリーマン時代と異なり、社長なわけですから、顧客満足が得られなければ、費用は大幅に値引きする権限も自分にあります。そこで負った痛手は勉強代として、次に挑戦していけばよいのです。

また、**顧客候補となる人たちとのつながりを増やしながらニーズを探っていくプロセスは必然的に将来の顧客開拓にもつながってきます**。ピンポイントのサービスを提供するFA独立者にとっては、商品・サービス開発と営業・顧客開拓は表裏一体。このことを意識しておくことも重要でしょう。

このように、「ニーズがあり、かつ独自の商品・サービス」を開発するには長い試行錯誤のプロセスが必要です。もっと言うと永遠に商品・サービスは未完です。このテストマーケティングに時間をかけていると、収益があがるようになるまで想定外に期間を要する可能性もあります。ですから、会社にいる間にスタートすることが必要なのです。

常に「自分ならではの商品・サービスは何か？」ということを自分に問いながら、他流試合や社外での交流に臨んでください。

## Ｑ９　値決めできますか？

独立後、頭を悩ませることの一つが値決めです。稲盛和夫さんも「値決めは経営である」とおっしゃっています。ＢtoＣの商品・サービスであれば、競合の料金も容易にチェックできますから問題ないのですが、ＢtoＢのビジネスを展開する際には、外側からは相場をつかみにくいのです。

ここはまず私の失敗談からお話ししましょう。

独立後、長い年月をかけて作り上げてきたセルフブランドに関心を抱いていただいた、ある金融機関から研修の依頼を受けたときのことです。お客様とのやりとりの過程で「ところで、料金はいくらになりますか？」と聞かれ、私ははたと困ってしまいました。そのお客様からやってほしいという要望を受けて、初めて研修サービスに取り組んでいたので、自分の中に相場観がまったくなかったのです。研修会社を設立しようと考えて独立したわけではなく、若者のキャリア支援のイベントをワンコイン５００円でやってきたのみでしたから、なおさらです。

そこで、あらゆる人脈を駆使して、研修サービスを行っている大手コンサルティング企業の知人にたどりつき、「いくらでサービスを提供しているか」を尋ね、それをもとに見積書を作りました。見積書も、サラリーマン時代に営業経験がなく、かつエクセルもろくに使えない編集者だったのでもう必死です。サラリーマン時代に営業や経理をやっておけばよかったと強く思ったものです。

やっと作った見積書を出力して、お持ちしたところ、そのお客様の反応は「高い！」というものでした。当たり前です。当時の私のような個人が提供するサービスを、組織も大きく実績もある大手コンサルティング企業の料金体系で値決めすること自体が大きな誤りだったのです。

そもそもお客様は様々な研修会社とも付き合っており、研修費用についての相場観があり、提供する側の私には相場観がないという情けない状態です。稼げるビジネスの秘訣は、お客様に価格の相場観がなく、自社には相場観があり、かつ差別化された独自商品・サービスを持つことで価格決定権があることです。お恥ずかしいことに、独立当初の私はこの逆だったわけです。

ただ、本当に有難かったのは、決裁者である人事担当役員の方が私の著書を熟読し、一度講演も聞いてもらっており、支持していただけていたことです。独立したてで、相場も何もわかっていないながら四苦八苦している様子にも親身になっていただけました。結果として、全体予算の中で折り合いのつく価格を教えていただき、研修の提供にこぎつけることができました。

このときの自分を思い出すと穴があったら入りたい気持ちになるとともに、それでも当時の私に仕事を依頼してくださったご恩を忘れられません。

ちなみに、その後、このときの反省も踏まえて、別のお客様に対してもっと安い料金を提示したところ、何の交渉もなくあっさり受け入れてもらえました。今から考えると安すぎたのですね。本当に値決めは難しいものです。

## ●高い料金でも期待に応えられるように、商品・サービスを磨き続ける

皆さんへの反面教師としての教訓は、この当時、私がするべきだったのは、同業の個人のコンサルタントに相場をしっかり聞いておくことでした。そのようなつながりもそのときはなかったですから、無駄な試行錯誤をしてしまったと反省しています。

本書では、独立前に、自分が目標としている領域の先輩などに弟子入りすることをおすすめしてきましたが、このような先輩がいれば、相場についての知識も得ることができま

す。そのためにも、弟子入りは大切なのです。目先の報酬や給料に代えがたい知恵が学べるわけですから。先輩は、「今のあなたではいきなり相場の料金をとることは無理だ」といったアドバイスもしてくれるでしょう。

仕事を始めた当初、テストマーケティング期間は料金にこだわらないことも大切です。

しかし、料金の相場を知らないと、安すぎる料金のまま、値上げのチャンスを失ってしまうこともあります。そもそも、安ければお客様は安いなりの期待になりがちです。

一方、相場より高めの料金であれば、お客様は相応の高い期待をします。独立して商品・サービスを磨くということは、このお客様からの高い期待にもしっかり応える創意工夫を怠らないことでもあります。これが時代の変化や顧客のニーズに対応しながら、独立した会社を持続させていく鍵にもなるのです。

ですから、自分が提供する商品・サービスの値段については常に意識しておくことが必要です。そして**常に料金に見合う、いやそれ以上の商品・サービスを提供することも意識する**ようにしてください。「安いなりの仕事」しかできないのであれば値上げ交渉など望めませんし、「そこそこお金を取るのにこの程度か」と思われてしまってはリピートにつながらないからです。

# Q10　独立後、安定軌道に乗せられますか？

独立後の経営を安定軌道に乗せられるかどうか、「それこそやってみないとわからないじゃないか」と感じる人も多いでしょう。ある意味ではその意見は正しいです。

いくら事前にビジネスモデルや事業計画を練り上げても、現実はまずその通りにはなりません。ですからＦＡ独立の場合は、ビジネスモデルや事業計画などは作る必要がない、ミッション・ビジョンが見えてきたらとにかく動くことだ、ということはすでにお伝えしました。

では、皆さんはＦＡ独立して経営を安定軌道に乗せるということについてどのようなイメージを持っているでしょうか。来る仕事を受け続け、自分を評価してくれるお客様からリピートで依頼が来るようになり、いつの間にかリピーターのお客様も増え、収入が安定していく。そのような将来像を描いている人が多いのではないでしょうか。

しかし、これからの時代はそれだけでは安定にはつながりません。リピーターが増えるのは良いことではありますが、**同じお客様から同じような仕事を依頼され、それがマンネリ化していくと、下請けにとどまり、必ず事業は先細りしていきます。**

何よりあなた自身の「できること」の範囲が広がっていきませんし、そのために顧客のニーズが時代の変化に伴って変わってきたときに対応できないからです。

いつの間にかリピーターだったお客様が1社、2社と減っていき、あなた自身が時代に合わせてブラッシュアップできていないために新規の顧客開拓もままならなくなります。

## ●安定軌道に乗せるためにも、常に変化し続ける

逆説的に聞こえるかもしれませんが、経営を安定軌道に乗せたいのであれば、常に変化し続けることが求められます。もちろん、ミッション・ビジョン、自分の強みは軸としてしっかり持ちつつ、時代の変化に伴って柔軟に変化していく。安定軌道に乗せられるかどうかは、これができるかどうかにかかっています。

この「軸をしっかりと持ちつつ、常に変化していく」イメージは独立前から明確に持っ

ておいたほうがいいでしょう。というのも、人は変化することを意識して自分に課していないと、つい目先の安定に因われてしまうからです。

最初はお客様のニーズをつかみ、自分ならではの商品・サービスを確立するため、報酬にはこだわらず仕事は受ける。しかし、ある段階に来たら、自分の軸を明確にするため、受ける仕事、断る仕事を選別する。同時にサービスに応じた値決めもしていく。そして、常に今までの経験だけでは対処できないチャレンジングな仕事に取り組み、自分の強みに磨きをかけていく。併せて新規のお客様も常に増やしていくよう努力する――。

ここまでのイメージを独立前にしっかり抱いておくと、独立後、目先の安定に甘んじてしまうリスクを回避することにつながっていくはずです。

私は、**リピーターのお客様の仕事が50％、新規のお客様の仕事が50％になるよう常に意識**しています。新規のお客様の仕事の割合が減ってきたときは、たとえトータルの収益が増えていたとしても、危機感を持ち、営業活動に力を入れるようにしています。それこそが中長期的に見て経営を安定軌道に乗せるために必要だからです。そこまでするのはハードだと考えるなら、せめてリピーター70％、新規30％は目指しましょう。

## ●受ける仕事、受けない仕事のラインは明確にしておく

なお、変化し続けるためにチャレンジングな仕事に取り組み続けることは大事ですが、自分のミッション・ビジョンや本質的な強みからズレる仕事、本来の得意分野ではない仕事に関しては要注意です。このような仕事の割合が増えていくと、事業の軸がブレ始めるからです。これを続けていると、行き着く先は「何でも屋」です。

私たちFeelWorksでも、受ける仕事、受けない仕事のラインは明確に決めています。「上司力研修」は私たちのメインとなるサービスですが、ときにお客様から人材の紹介や、若手を対象としたスキル研修、女性を対象としたワークライフバランス研修、シニアのアウトプレースメント研修のみをやってほしいと依頼されることがあります。

このような場合、私はまず人材の紹介はお断りします。上司力研修とセットであれば、若手向け、女性向け、シニア向けの研修は受けますが、上司力研修は抜きで、若手向けスキル研修や女性向けワークライフバランス研修やシニアのアウトプレースメント研修のみ

の依頼も原則お断りします。心当たりがあれば、その専門企業を紹介します。

なぜかというと、そもそも私たちは上司の部下に対するコミュニケーションを変えることによって組織全体を活性化していくことを事業のコンセプトにしており、強みであるというのが理由です。キーマンである管理職を抜きにして、若手や女性やシニアにだけアプローチしても、上司が変わらなければ研修の効果は限定的になってしまいますから。

**スキルなどの「やり方」の前にマインドセットを考える「あり方」が大切である**、という信念を持っていることも大きいです。アプリが素晴らしくてもOSが古いままでは機能しないと考えているのです。

上司力研修と若手・女性・シニア研修がセットであれば、若手や女性やシニアに対しては研修でヒアリングした上司の思いを伝え、同様に上司に対しては若手や女性やシニアの思いを伝えることで、双方向的に組織全体のコミュニケーション改革を図ることができます。ですから、この場合は若手向け研修や女性向け研修やシニア向け研修もお受けするというわけです。

それに、人材紹介や若手のスキル研修、女性がワークライフバランスを考える研修、シニアを転職させるアウトプレースメント研修などでは、私たちよりも強みを持つ会社がたくさんあるため、お客様にとってはそちらに依頼したほうが有効な場合が多いからです。もちろん私たちも女性向けの研修を開講することはできるのですが、キャリアならまだしも、女性のワークライフバランスというテーマであれば、私たちより、自分自身の経験に基づいて語ることができる女性講師のほうが、より受講生の心に響くプログラムを提供できる可能性が高い。であれば、その領域を強みとはしていない私たちが請け負うより、その領域の専門家に任せたほうがお客様にとっても良いことでしょう。これもお断りする重要な理由です。

このように、ミッションやビジョン、自分の強みが明確で、自分たちならではのサービスをしっかりと設計できていれば、ブレることなく受ける仕事、受けない仕事を切り分けることができます。もちろん、ミッション・ビジョンに合致している依頼であれば、現状の自分たちにとってハードルが高い仕事であっても受ける。「やったことがないから断る」「負荷が高そうだから断る」という判断は決してしません。

このスタンスを貫くことこそが経営を安定軌道に乗せるために必要なものなのです。

ワークに挑戦 STEP①

## 自分の経験値を「働きがい」と「稼ぎ」に変える独立戦略プランニングシート

本書をここまで読み終えて、第二の職業人生に「ひとり会社」を設立して独立するイメージもだいぶ湧いてきたのではないでしょうか。では、頭が活発に働いているうちに次のワークにも取り組んでみましょう。

まず「自分の経験値を『働きがい』と『稼ぎ』に変える独立戦略プランニングシート」は、自分の人生後半の使命、さらにはキャリアビジョンをどう具現化していくかの戦略立案です。長年働いてきた経験値からの専門性を研磨していく方向と、プル型で仕事のオファーを受けるための認知度向上の二軸に沿って、自分の経験値を「働きがい」と「稼ぎ」に変える航海図が整理できるでしょう。

ワークに挑戦 STEP②

# 独立リスク最小化シミュレーションシート

本書で一貫してお伝えしてきたのは「ローリスク独立」。ただし、独立にはリスクゼロということはありません。特に最初のうちは収入よりも支出が上回ることになるでしょう。

STEP②では、現在の自分の財産を棚卸しして、今後の自分と家族の生活設計を踏まえて支出がどれだけになるのかから、何年自分が生き延びられるのかをシミュレーションできます。

おおよその目安として、3年程度は収入が安定せずともやっていける算段がついたらGOサインです。独立のチャレンジができる期間を可視化することで、家族を安心させる効用もあるでしょう。

ワークに挑戦STEP③

# 独立後20年以上活躍する未来シミュレーション年表

独立後に立てる事業計画は思い通りにならないことが多く、その時間を動くことに費やしたほうがよいのですが、キャリアの未来シミュレーションはしておくべきです。

独立は自分の第二の職業人生を充実させて輝かせることが大切な目標ですから、STEP③では数年ごとにどんな幸せな状態でいたいか、イメージを具体化するのです。さらに年齢を入れることで、自分はいつ何をしなければいけないかがクリアになっていきます。

ワークに挑戦 ＳＴＥＰ④

## めざせ3年後にお役立ち 年商１０００万円！ 読みシート

最後のＳＴＥＰ④では、事業を継続し家族を守るための収入をどう創り出していくのかをシミュレーションしていきます。とりあえずの目安として3年後に年商１０００万円を創り出している状態を考えてみてください。これはＳＴＥＰ②で3年程度は生き延びられるシミュレーションができていることが前提となります。

こうして、どんな顧客からどんな仕事をいくらのフィーで依頼されることが必要かが見えてきます。そこに向けて、1年目から少しずつ顧客と仕事を開拓していけばよいのです。

●ＳＴＥＰ①～④の白紙のワークシートは、以下のＱＲコードから申し込みできます(２０２１年6月末まで)

↓

【役割】

**会社員として積み上げてきた経験値を、独立後、社外で通用する専門性に磨き上げ、仕事が舞い込むように認知度を高めることで、セルフブランドを確立していく戦略を可視化する**

| ▯える | 年　月　日 | 所属 | 氏名 |
| --- | --- | --- | --- |

▯私のキャリアビジョン（使命をどんな仕事で実現したいのか）

❷

▯華させる戦略マップ

（Will）セルフブランドの確立　※3年後

| | |
| --- | --- |
| 認知を高める仕事 | ❻ |
| 稼ぐ仕事 | ❼ |
| 働き方 | ❽ |

専門性研磨の打ち手

| | |
| --- | --- |
| 学習 | ❾ |
| 学ぶ仕事 | ❿ |
| 交流 | ⓫ |

→ 専門性研磨



❼独立したプロフェッショナルとして、どんな仕事で正当な対価を得たいかを書く

❽自身・生活のコンディションを考えながら、理想の働き方を考えて書く

❾専門性の理論的体系を学ぶ方法を調べて書く

❿報酬は低くとも学びになり、実績にもなり、信頼度も高まる仕事を書く

⓫刺激と啓発を得られる交流の場を書く

⓬名刺代わり、営業マンになってくれる本の企画を書く

⓭仕事を紹介してくれる企業や人を考え、調べて書く

⓮自分の会社の概要やサービスを伝えるHPなどを整理する

## STEP1
## 【自分の経験値を「働きがい」と「稼ぎ」に変える独立戦略プランニングシートの役割・書き方】

【書き方】

❶会社の指示ではなく、自らの意志で自分のこれからの人生をどう使って働きたいかを言語化する

❷ワクワクできる、自分が幸せに働いているゴールイメージ＝キャリアビジョンを言語化する

❸これまでの会社員経験で培ってきた自分の経験値を客観的に見直して書き出す

❹長年の仕事を通じて評価を得てきた強み(能力)を書く

❺長年の仕事を通じて評価を得てきた持ち味(性質)を書く

❻独立して専門性を磨き続け、認知度を高め続けることで、将来得たい顧客からの評価・認知を書く

変える

●年●月●日　所属 ●●●●●　氏名 ●●●●●

私のキャリアビジョン(使命をどんな仕事で実現したいのか)

定年後は、地元のモノづくり系中小企業対象の経営コンサルタントとして活躍する

昇華させる戦略マップ

(Will)セルフブランドの確立　※3年後

| | |
|---|---|
| 認知を高める仕事 | 地元×部品メーカー×営業支援でのセルフブランド確立 |
| 稼ぐ仕事 | 地元商工会幹部企業からの仕事、セミナーからのお問合せ企業の仕事 |
| 働き方 | 週のうち3日はコンサル・セミナー、他は自宅で準備・研鑽、土日は休む |

専門性研磨の打ち手

| | |
|---|---|
| 学習 | 中小企業診断士資格取得 |
| 学ぶ仕事 | 会社員時代の人脈で地元商工会幹部企業の紹介を受け、交通費のみでもコンサル受託 |
| 交流 | 経営コンサルタントのコミュニティ、著名コンサルタントのオンラインサロン参加 |

→ 専門性研磨

記入例　自分の経験値を「働きがい」と「稼ぎ
独立戦略プランニングシート

**私のミッション（これから命をどう使いたいのか）**

Uターンして地元を元気にしたい

**経験値をセルフブランドに**

認知度向上

認知度向上の打ち手

| | |
|---|---|
| 書籍 | 「モノづくり企業の営業戦略5つのステップ」<br>出版セミナーで学ぶ |
| エージェント | 顧問マッチングサイト登録、<br>中小企業診断士の会からの紹介 |
| HPなど | ワードプレスで制作依頼、Facebookページ、<br>Googleマイビジネス開設 |

（CAN）自分の経験値　※現在

| | |
|---|---|
| 専門性 | 製造業で販売代理店の営業支援・営業推進 |
| 強み（能力） | 経営分析・戦略立案 |
| 持ち味（性質） | 相手の立場に立てる |

変える

| 年　月　日 | 所属 | 氏名 |
| --- | --- | --- |

私のキャリアビジョン（使命をどんな仕事で実現したいのか）

昇華させる戦略マップ

（Will）セルフブランドの確立　※3年後

認知を高める仕事

稼ぐ仕事

働き方

専門性研磨の打ち手

学習

学ぶ仕事

交流

専門性研磨

FeelWorks 自分の経験値を「働きがい」と「稼き
独立戦略プランニングシート

私のミッション（これから命をどう使いたいのか）

経験値をセルフブランドに

認知度向上

認知度向上の打ち手

書籍

エージェントHPなど

（CAN）自分の経験値　※現在

専門性

強み（能力）

持ち味（性質）

【役割】

自分の財産を積算し、家族を守るために必要なものを除いて残る財産を計算。生活維持のために節約した支出で、無収入になってどれだけ生き延びられるか(独立から稼げるようになるまでの猶予期間=チャレンジできる期間)をシミュレーションする

| 年　月　日 | 所属 | 氏名 |
|---|---|---|
| | | |

**支出の棚卸し**

| 名称 | 月間 | 年間 | 節約できるのは？ | 月間 | 年間 |
|---|---|---|---|---|---|
| | 円 | 円 | | 円 | 円 |
| | 円 | 円 | | 円 | 円 |
| | 円 | 円 | | 円 | 円 |
| | 円 | 円 | | 円 | 円 |
| | 円 | 円 | | 円 | 円 |
| | ❻ 円 | 円 | | ❾ 円 | 円 |
| | 円 | 円 | | 円 | 円 |
| | 円 | 円 | | 円 | 円 |
| | 円 | 円 | | 円 | 円 |
| | 円 | 円 | | 円 | 円 |
| | 円 | 円 | | 円 | 円 |
| | 円 | 円 | | 円 | 円 |
| | 円 | 円 | | 円 | 円 |

| 年間支出計 | 生き延びられる期間 | | 節約年間支出計 | 生き延びられる期間 |
|---|---|---|---|---|
| ❼ 円 | ❽ 年　カ月 | ＞ | ❿ 円 | ⓫ 年　カ月 |



❻自分と家族の生活を維持するために今かかっている支出を整理して書く

❼自分と家族の生活を維持するために今かけている支出の合計額を書く

❽❺で計算した財産で、❼の支出を続けた場合、どれだけ生き延びられるか計算して書く

❾❻の今かかっている支出の無駄を見直し、節約できるものを整理して書く

❿無駄を見直し、節約した支出の合計額を書く

⓫❺で計算した財産で、❿の支出を続けた場合、どれだけ生き延びられるか計算して書く

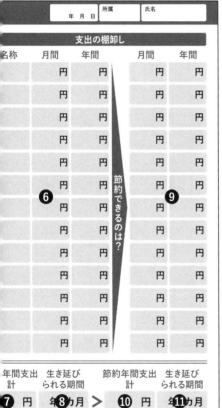

# STEP2
# 【独立リスク最小化シミュレーションシート の役割・書き方】

【書き方】

❶自分の預貯金を棚卸し積算して書く

❷自分の保険・株式・投資等を棚卸し積算して書く

❸自分の不動産・動産等を棚卸し積算して書く

❹財産の合計額を計算して書く

❺家族を守るために必要なもの(自宅・教育・生保等)を除いて残る財産を計算して書く

FeelWorks　独立リスク最小化シミュレーションシート

**財産の棚卸し**

| | 金融機関 | 用途 | 残高 |
|---|---|---|---|
| 預貯金 | | | 円 |
| | | ❶ | 円 |
| | | | 円 |
| | | 預貯金　計 | 円 |

| | 名称 | 概要 | 残高 |
|---|---|---|---|
| 保険・株式・投資等 | | | 円 |
| | | ❷ | 円 |
| | | | 円 |
| | | 保険・株式・投資等　計 | 円 |

| | 名称 | 概要 | 評価額 |
|---|---|---|---|
| 不動産・動産等 | | | 円 |
| | | ❸ | 円 |
| | | | 円 |
| | | 不動産・動産等　計 | 円 |

| | |
|---|---|
| 財産　計 | ❹ 円 |
| (自宅・教育・生保等除き　計) | ( ❺ 円) |

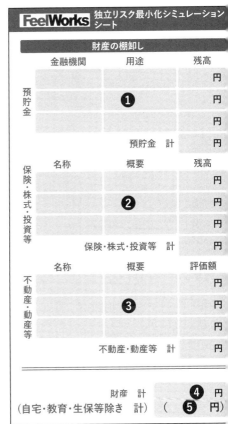

| | 所属 | 氏名 |
| --- | --- | --- |
| ●年●月●日 | ●●●●● | ●●●●● |

## 支出の棚卸し

| 名称 | 月間 | 年間 | 節約できるのは？ 月間 | 年間 |
| --- | --- | --- | --- | --- |
| 食費 | 8万円 | 96万円 | 円 | 円 |
| 住宅費 | 18万円 | 216万円 | 13万円 | 156万円 |
| 光熱費 | 3万円 | 36万円 | 2万円 | 24万円 |
| 通信費 | 4万円 | 48万円 | 2万円 | 24万円 |
| 日用品費 | 3万円 | 36万円 | 2万円 | 24万円 |
| 保険・医療費 | 5万円 | 60万円 | 円 | 円 |
| 娯楽費 | 3万円 | 36万円 | 1万円 | 12万円 |
| 車両・交通費 | 3万円 | 36万円 | 2万円 | 24万円 |
| 教育費 | 5万円 | 60万円 | 円 | 円 |
| 雑費 | 2万円 | 24万円 | 1万円 | 12万円 |
| 交際費・小遣い | 5万円 | 60万円 | 2万円 | 24万円 |
| 貯蓄 | 5万円 | 60万円 | 0円 | 0円 |
| 税・社会保険 | 23万円 | 276万円 | 7万円 | 84万円 |

| 状年間支出計 | 生き延びられる期間 | | 節約年間支出計 | 生き延びられる期間 |
| --- | --- | --- | --- | --- |
| 044万円 | 2年8カ月 | > | 660万円 | 4年4カ月 |

記入例

## 独立リスク最小化シミュレーションシート

### 財産の棚卸し

| | 金融機関 | 用途 | 残高 |
|---|---|---|---|
| 預貯金 | ●●●銀行 | 給与振り込み、日常消費 | 50万円 |
| | ▲▲▲信金 | 退職金、積み立て定期 | 2,100万円 |
| | 郵便局 | 教育資金・相続 | 500万円 |
| | | 預貯金　計 | 2,650万円 |

| | 名称 | 概要 | 残高 |
|---|---|---|---|
| 保険・株式・投資等 | ■■■生命 | 家族への保障 | 500万円 |
| | ★★★証券 | 余剰資金の運用 | 150万円 |
| | ●●●銀行 | 付き合いで投資信託 | 30万円 |
| | | 保険・株式・投資等　計 | 680万円 |

| | 名称 | 概要 | 評価額 |
|---|---|---|---|
| 不動産・動産等 | 自宅マンション | ローン残1,000万円 | 2,500万円 |
| | 実家 | 相続 | 500万円 |
| | 自動車 | 自家用 | 100万円 |
| | | 不動産・動産等　計 | 3,100万円 |

財産　計　6,430万円

（自宅・教育・生保等除き　計）　（2,930万円）

| 年 月 日 | 所属 | 氏名 |
|---|---|---|
| | | |

## 支出の棚卸し

| 名称 | 月間 | 年間 | 節約できるのは？ | 月間 | 年間 |
|---|---|---|---|---|---|
| | 円 | 円 | | 円 | 円 |
| | 円 | 円 | | 円 | 円 |
| | 円 | 円 | | 円 | 円 |
| | 円 | 円 | | 円 | 円 |
| | 円 | 円 | | 円 | 円 |
| | 円 | 円 | | 円 | 円 |
| | 円 | 円 | | 円 | 円 |
| | 円 | 円 | | 円 | 円 |
| | 円 | 円 | | 円 | 円 |
| | 円 | 円 | | 円 | 円 |
| | 円 | 円 | | 円 | 円 |
| | 円 | 円 | | 円 | 円 |
| | 円 | 円 | | 円 | 円 |

| 年間支出計 | 生き延びられる期間 | | 節約年間支出計 | 生き延びられる期間 |
|---|---|---|---|---|
| | 年 カ月 | > | 円 | 年 カ月 |

FeelWorks 独立リスク最小化シミュレーションシート

## 財産の棚卸し

| | 金融機関 | 用途 | 残高 |
|---|---|---|---|
| 預貯金 | | | 円 |
| | | | 円 |
| | | | 円 |
| | | 預貯金　計 | 円 |

| | 名称 | 概要 | 残高 |
|---|---|---|---|
| 保険・株式・投資等 | | | 円 |
| | | | 円 |
| | | | 円 |
| | | 保険・株式・投資等　計 | 円 |

| | 名称 | 概要 | 評価額 |
|---|---|---|---|
| 不動産・動産等 | | | 円 |
| | | | 円 |
| | | | 円 |
| | | 不動産・動産等　計 | 円 |

| | |
|---|---|
| 財産　計 | 円 |
| （自宅・教育・生保等除き　計） | （　　円） |

【役割】

会社に在職中から独立後20年以上を見越して、
自分はどう働いていきたいかを考える

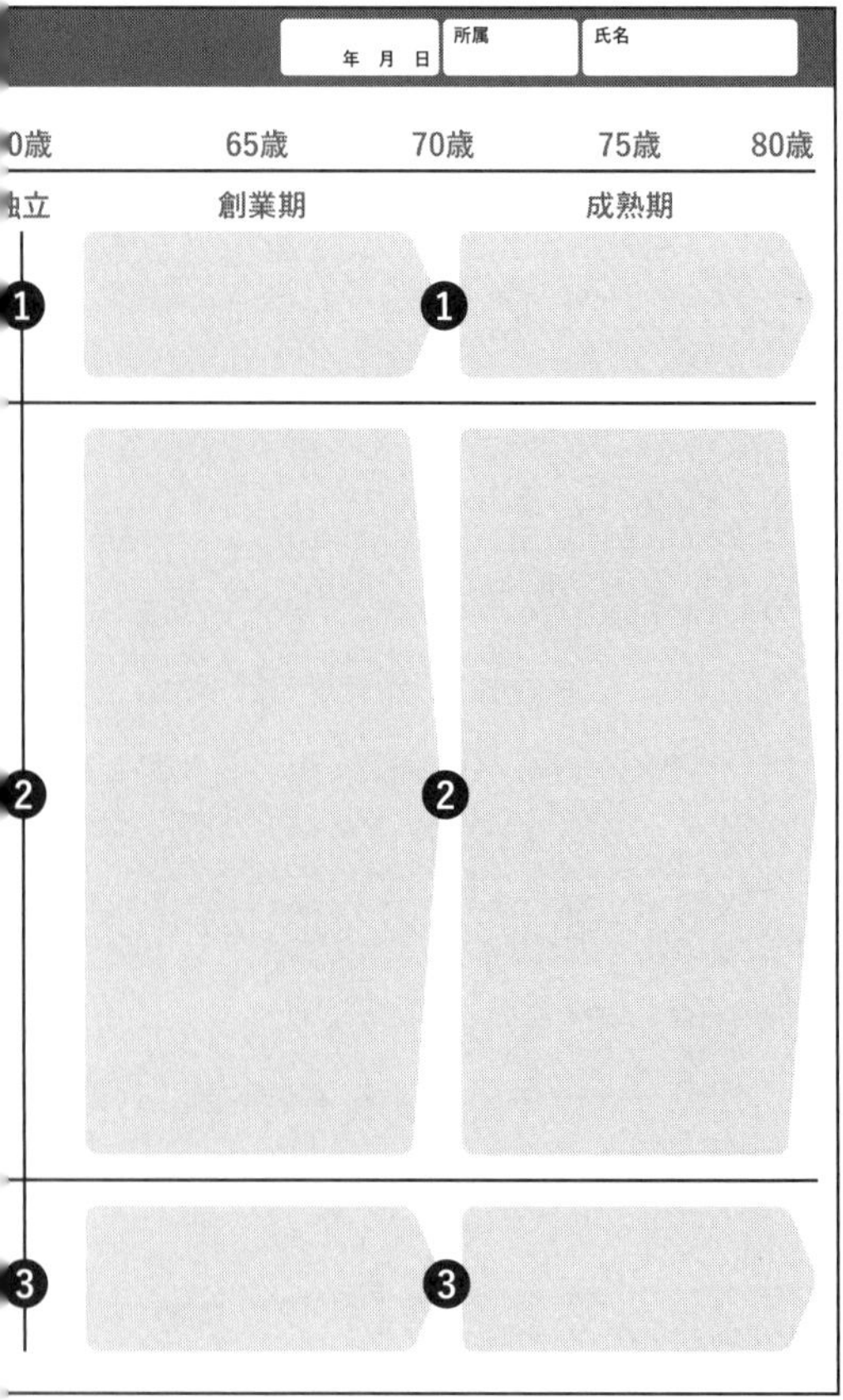

## STEP3
## 【独立後20年以上活躍する未来シミュレーション年表の役割・書き方】

【書き方】

❶数年ごとに区切って、各ステージ（期間）が自分の経営者人生にとってどういった位置づけにあたるかを考えて書く。経営を軌道に乗せるまでが当初の大きな関門であるため、特に独立する前後数年間は緻密にシミュレーションをする

❷各ステージ（期間）ごとに、自分は主体的にどんな挑戦をしていくのか、具体的に考えて箇条書きする。優先順位の高いものから順番に整理していく

❸各ステージ（期間）ごとに、どういった理想の状態を目指すのか考えて書く

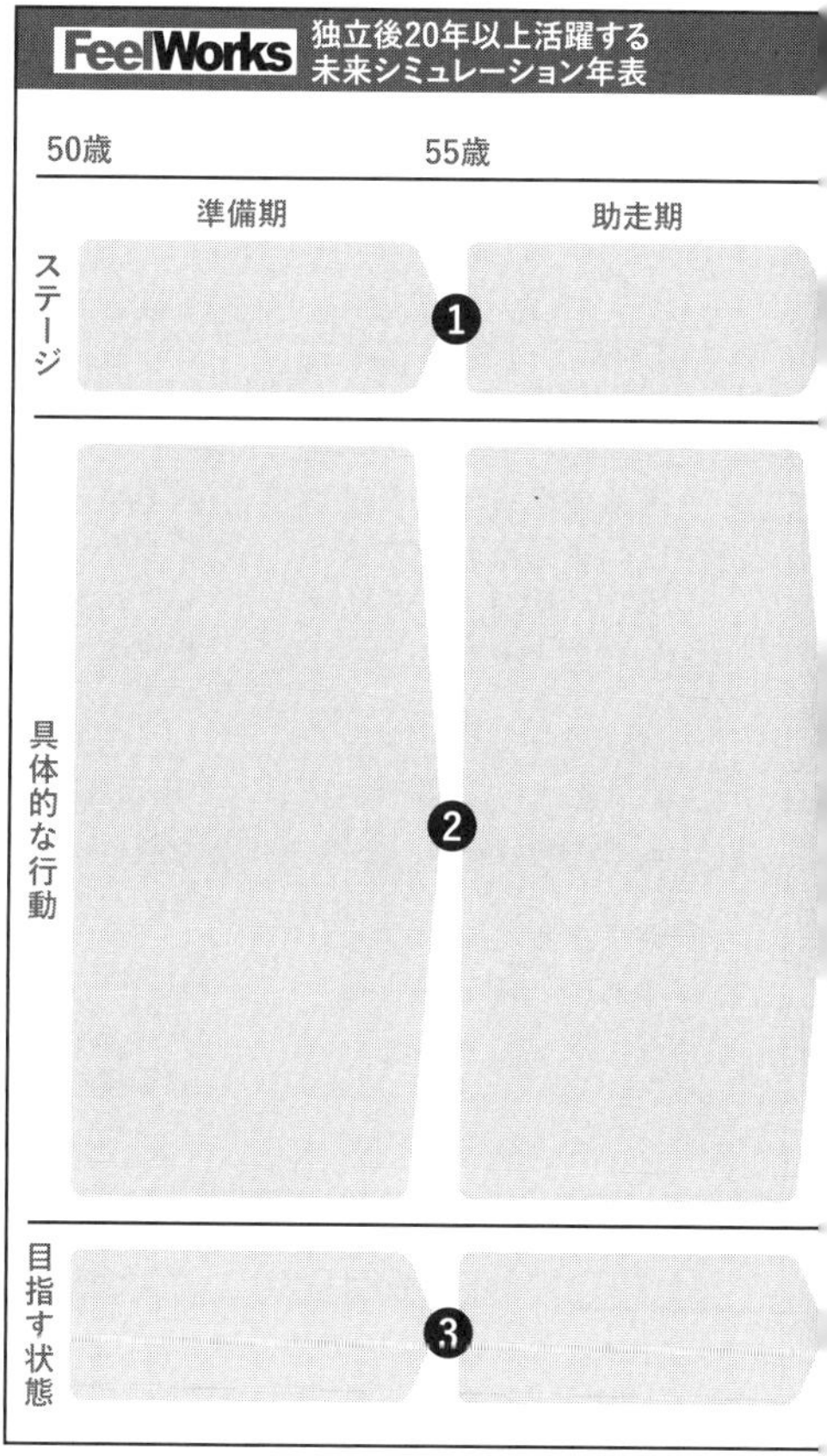

●年●月●日 所属 ●●●●●● 氏名 ●●●●●

| 0歳 | 65歳 70歳 | 75歳 80歳 |
|---|---|---|
| 独立 | 創業期 | 成熟期 |
| | 独立し、経営を安定軌道に乗せる | 環境変化に応じて、会社を変革させる |
| | ・自分の得意とお役立ちを見極めつつ、仕事の取捨選択をする<br>・既存顧客・リピート案件と、新規顧客・スポット案件の比率は半々にマネジメントする<br>・資格取得・セミナー受講を絶やさず、専門性を古びさせない<br>・余裕があれば、小さな事務所を構え、公私を分ける | ・顧客経営層の世代交代を踏まえ、リレーションを再構築する<br>・自社で担う仕事と、アウトソースする仕事などを見直し、事業を再構築する<br>・会社を子どもなど親族や、後進に承継するか、自分一代で廃業するか意思決定する<br>・意思決定した第二創業の方針に沿って、経営改革を実行する |
| | お得意様5社の顧問をしながら、新規も開拓する | 悠々自適なシニアライフを送っている |

記入例　独立後20年以上活躍する未来シミュレーション年表

| | 50歳 | 55歳 |
|---|---|---|
| | 準備期 | 助走期 |
| ステージ | 人生後半の使命=独立後の経営理念を固める | セルフブランドを確立させる |
| 具体的な行動 | ・働きがいを感じる仕事・キャリアの棚卸しをする。使命の仮説立てをする<br>・経験値を体系的に学び直すために、社会人大学院に入学する<br>・目指す独立スタイルの師匠を見つけ、副業でカバン持ちをさせてもらう<br>・独立するうえでの不足スキルを、社内の他部署で学ぶ<br>・商工会議所などの独立開業セミナーに通う | ・自分の専門性をPRできる書籍を出す<br>・お世話になった方々へ挨拶回りをし、紹介を依頼する<br>・中小企業家同友会、倫理法人会に参加する<br>・ボランティアで何でもやる覚悟。無償でも実績になる仕事は受ける<br>・会社を設立し、HPなどを作る<br>・エージェントなどに登録する |
| 目指す状態 | 肩書きから働きがいに自分の意識が変わる | ターゲット顧客層に信頼される実績を築く |

年　月　日 所属 氏名

| 60歳 | 65歳 | 70歳 | 75歳 | 80歳 |
| --- | --- | --- | --- | --- |

独立 創業期 成熟期

## FeelWorks 独立後20年以上活躍する未来シミュレーション年表

| | 50歳 | 55歳 |
|---|---|---|
| | 準備期 | 助走期 |
| ステージ | | |
| 具体的な行動 | | |
| 目指す状態 | | |

【役割】

将来成功しているイメージをもとに、どんな仕事をして、お役立ち年商1,000万円を作り上げるのか、読みを立てる

| 年　月　日 | 所属 | 氏名 |
|---|---|---|

**新規顧客・スポット案件**

| 種類 | 内容 | お役立ち売上 |
|---|---|---|
| | | 円 |
| | | 円 |
| | | 円 |
| | | 円 |
| | ❸ | 円 |
| | | 円 |
| | | 円 |
| | | 円 |
| | | 円 |
| シェア ❼ % | 新規顧客・スポット案件計 | ❹ 円 |

| | |
|---|---|
| お役立ち年商　計 | ❺ 円 |



❺❷既存顧客やリピート案件の読みの合計額、❹新規顧客やスポット案件の読みの合計額を足した全体合計額を書く

❻全体合計額に対する既存顧客やリピート案件の読みの合計額のシェアを計算して書く
※50%目標

❼全体合計額に対する新規顧客やスポット案件のシェアを計算して書く
※50%目標

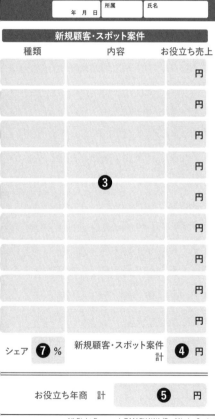

## STEP4
## 【めざせ3年後にお役立ち年商1000万円！ 読みシートの役割・書き方】

【書き方】

❶毎年定期的に受注する既存顧客やリピート案件の読みを立てて書く

❷既存顧客やリピート案件の読みの合計額を書く

❸新規顧客やスポット案件の読みを立てて書く

❹新規顧客やスポット案件の読みの合計額を書く

FeelWorks　めざせ3年後にお役立ち年商1000万円！ 読みシート

既存顧客・リピート案件

| 種類 | 内容 | お役立ち売 |
| --- | --- | --- |
| | | 円 |
| | | 円 |
| | | 円 |
| | | 円 |
| | ❶ | 円 |
| | | 円 |
| | | 円 |
| | | 円 |
| | | 円 |
| シェア ❻ % | 既存顧客・リピート案件計 | ❷ 円 |

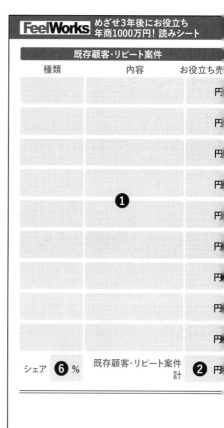

| | | |
|---|---|---|
| ●年●月●日 | 所属 ●●●●● | 氏名 ●●●●● |

## 新規顧客・スポット案件

| 種類 | 内容 | お役立ち売上 |
|---|---|---|
| プロジェクト支援 | 顧問先企業での短期プロジェクト支援 | 80万円 |
| コンサルティング | スポット的なコンサルティング案件 | 120万円 |
| 直接顧客研修 | 直接顧客・単発受託研修 年10回×15万円 | 150万円 |
| エージェント経由研修 | エージェント・単発受託研修 年10回×7万円 | 70万円 |
| | | 円 |
| | | 円 |
| | | 円 |
| | | 円 |
| | | 円 |
| シェア 41.3% | 新規顧客・スポット案件 計 | 420万円 |

| | |
|---|---|
| お役立ち年商　計 | 1,016万円 |

**記入例**　めざせ3年後にお役立ち 年商1000万円！ 読みシート

### 既存顧客・リピート案件

| 種類 | 内容 | お役立ち売上 |
|---|---|---|
| 顧問① | 週0.5日訪問<br>月5万円 | 60万円 |
| 顧問② | 週1日訪問<br>月15万円 | 180万円 |
| 顧問③ | 週0.5日訪問<br>月3万円 | 36万円 |
| 直接顧客研修 | 直接顧客・研修実施<br>年10回×15万円 | 150万円 |
| エージェント経由研修 | エージェント・研修実施<br>年10回×7万円 | 70万円 |
| 紹介研修 | 紹介・研修実施<br>年10回×10万円 | 100万円 |
| | | 円 |
| | | 円 |
| | | 円 |
| シェア　58.7% | 既存顧客・リピート案件計 | 596万円 |

| | 年　月　日 | 所属 | 氏名 |
| --- | --- | --- | --- |

## 新規顧客・スポット案件

| 種類 | 内容 | お役立ち売上 |
| --- | --- | --- |
| | | 円 |
| | | 円 |
| | | 円 |
| | | 円 |
| | | 円 |
| | | 円 |
| | | 円 |
| | | 円 |
| | | 円 |
| シェア　　% | 新規顧客・スポット案件 計 | 円 |

| | |
| --- | --- |
| お役立ち年商　計 | 円 |

FeelWorks めざせ3年後にお役立ち
年商1000万円！ 読みシート

既存顧客・リピート案件

| 種類 | 内容 | お役立ち売上 |
| --- | --- | --- |
| | | 円 |
| | | 円 |
| | | 円 |
| | | 円 |
| | | 円 |
| | | 円 |
| | | 円 |
| | | 円 |
| | | 円 |

| | | | |
| --- | --- | --- | --- |
| シェア | % | 既存顧客・リピート案件計 | 円 |

# おわりに

2020年のコロナ禍は、社会に大きなダメージをもたらしました。その一方で、あとから振り返ったとき、このコロナ禍は働く人にとっての大きなパラダイムの転換点として位置づけられることでしょう。

象徴的なのはリモートワークが浸透・定着したことです。「満員電車の苦痛に耐えて通勤する」「仕事はスーツを着て全員揃って会社でするもの」という今までの常識があっさり崩れ去ったことを、驚きをもって実感しているミドルは決して少なくないはずです。

もちろんリモートワークは一例に過ぎません。本書が提唱する幸せな独立に求められるのは、このようなサラリーマン的価値観や常識から脱却し、自分のミッション・ビジョンに向かって自分の頭で考え、自分の足で走り、自分のやり方で、自分のやりたいことを実現すると腹をくくることです。そして、第二の職業人生では会社から給料をもらうのではなく、顧客から報酬を稼ぐと覚悟することです。そのためには顧客とのご縁とお役立ちにつながる投資と単なる消費を区別して考えられるようになることです。

こうしたマインドがしっかりと醸成されていれば、専門的な知識やスキルはあとからついてきます。裏を返せば、長年組織人としてMUSTで働いてきたマインドのままでは、どれだけ小手先のテクニックを学んでも、世間で狙い目と言われるビジネスに打って出ようとも、幸せな独立人生を実現することは難しいでしょう。重要なのはマインドなのです。

そう考えたとき、現状に対する危機感から慌てて独立することが得策ではないことは、本書を最後まで読まれた皆さんならおわかりのはずです。私の経験もお話ししましたが、独立する10年以上前から動いてやっと独立できたのです。それでも勉強不足、経験不足でたくさん痛い思いもしてきました。だから、私の失敗を反面教師として、定年や早期退職をするかなり前から、自ら会社の外に出て行動し、改めて社会を知り、自分を知り、それによってマインドセットの転換を図ること、それこそが今するべきことなのです。

サラリーマンの呪縛から自分を解き放ち、定年後の幸せな独立したキャリアを目標に動き始めると、あなたは間違いなく生き生きと輝いていきます。今の職場の上司や同僚や後輩からの見方もガラリと変わり、相乗効果として社内評価も上がってくるはずです。実際、マインドと働き方が変わったことで、定年延長の追い風もあって、会社を辞めずに新たな働き場を見出すシニアも増えつつあります。

それは、あなたが過去に縛られるのではなく、未来に希望を見出して、自分の人生を生き始めたからです。松下幸之助翁はじめ偉人たちが座右の銘とする、サミュエル・ウルマンの有名な詩を体現し始めたからです。

**「年を重ねただけでは人は老いない。理想を失うとき初めて老いる」**
**（『青春とは、心の若さである。』角川文庫）**

本書は人生を変えるガイドとしてあなたのお役に立てるはずです。

そのようなプロセスを経て独立マインドを獲得した人にとっては、もはや細かな指南は必要ないでしょう。何をするべきか、どう判断すればいいかは、自分で考えて結論を出すことができるようになっているからです。

その先には変化に満ち、数々の苦労もありつつ、働きがいあふれる幸せな第二の職業人生が待っています。あなたのチャレンジを私は心から応援します。

㈱FeelWorks代表取締役　前川　孝雄

【著者が代表を務める人材育成コンサルティング企業について】

## 株式会社 FeelWorks

https://www.feelworks.jp/

※この本のご感想、研修・コンサルティングなどのご依頼、
お問い合わせは info@feelworks.jp へ

**●事業内容：**
「日本の上司を元気にする」をビジョンに掲げ、独自の「コミュニケーション・サイクル理論」をもとに、2008年の創業以来、大手企業を中心に400社以上の人材育成などを支援している。

**●主なサービス：**
**【集合研修・講演】【オンライン研修・セミナー】**
・トップの上司力
・現場の上司力
・上司力基礎実践シリーズ
　❶上司と部下の「相互理解」を深める　傾聴力研修
　❷部下の役割を定め、期待を伝え、「動機形成」を図る
　　面談力研修
　❸職場の一体感を高め、「協働意識」を醸成する
　　チームビルディング研修
　❹部下の提案を引き出し、「切磋琢磨」しあうチームを作る
　　ファシリテーション研修
　❺部下の「評価納得」を得て、さらなる成長を後押しする
　　フィードバック研修
・50代からの働き方
・プロフェッショナルマインド（中堅層のリーダーシップ）
・キャリアコンパス（新入社員・若手社員のキャリアデザイン）
・リテンション（早期離職防止）
・社会人の基本と仕事の進め方

**【Eラーニング・通信講座】**
・上司と部下が一緒に考える「パワハラ予防e講座」（2021年リリース予定）
・映像教材「新入社員のはたらく心得」
・OJT実践コース　❶基礎編 ❷実践編
・フレッシュマンへの贈り物
・周囲を巻き込む相談の極意！
・ホップ・ステップ・リーダーシップ
・多様さのマネジメント

**【パーソナルコーチング】**
・経営層・経営幹部・管理職向けエグゼクティブコーチング
・個人向けキャリアコーチング

**【社内報・マニュアル制作】**

**●グループ企業**
株式会社　働きがい創造研究所

PHP
Business Shinsho

前川 孝雄(まえかわ・たかお)

人材育成の専門家集団㈱ FeelWorks グループ創業者であり、部下を育て組織を活かす「上司力」提唱者。

1966年、兵庫県明石市生まれ。大阪府立大学、早稲田大学ビジネススクール卒業。

リクルートで『リクナビ』『ケイコとマナブ』『就職ジャーナル』などの編集長を務めたのち、2008年に「人を大切に育て活かす社会づくりへの貢献」を志に起業。「日本の上司を元気にする」をビジョンに掲げ、独自開発した「上司力研修」「上司力鍛錬ゼミ」「50代からの働き方研修」、eラーニング「ハラスメント予防e講座」などで400社以上を支援している。

2011年から青山学院大学兼任講師。2017年に㈱働きがい創造研究所設立。一般社団法人企業研究会 研究協力委員、ウーマンエンパワー賛同企業 審査員なども兼職。

独立直後には、「700 通の挨拶状を送るも反応ゼロ」「仕事の依頼がなく近所の公園で途方に暮れる」といった挫折を味わう。そこから立ち直った経験から、近年はミドルの転職・独立・定年後のキャリアの悩み相談に乗る機会も多い。

著書は『50歳からの逆転キャリア戦略』『上司の9割は部下の成長に無関心』(ともにPHPビジネス新書)、『「働きがいあふれる」チームのつくり方』(ベスト新書)、『本物の「上司力」』(大和出版)、『コロナ氷河期』(扶桑社)など33冊。産業能率大学などでリーダーシップ、キャリア、ダイバーシティマネジメント、コミュニケーションについての教科書も執筆。

編集協力:伊藤敬太郎
図版作成:桜井勝志

PHPビジネス新書 420

50歳からの幸せな独立戦略
会社で30年培った経験値を「働きがい」と「稼ぎ」に変える！

2020年 11 月 2 日　第 1 版第 1 刷発行
2021年 1 月 12 日　第 1 版第 2 刷発行

著　　者　前川孝雄
発 行 者　後藤淳一
発 行 所　株式会社ＰＨＰ研究所
東京本部　〒135-8137　江東区豊洲5-6-52
第二制作部　☎03-3520-9619(編集)
普及部　☎03-3520-9630(販売)
京都本部　〒601-8411　京都市南区西九条北ノ内町11
PHP INTERFACE　https://www.php.co.jp/
装　　幀　齋藤 稔(株式会社ジーラム)
組　　版　朝日メディアインターナショナル株式会社
印 刷 所　株式会社光邦
製 本 所　東京美術紙工協業組合


ISBN978-4-569-84737-5

# 「ＰＨＰビジネス新書」発刊にあたって

わからないことがあったら「インターネット」で何でも一発で調べられる時代。本という形でビジネスの知識を提供することに何の意味があるのか……その一つの答えとして「**血の通った実務書**」というコンセプトを提案させていただくのが本シリーズです。

経営知識やスキルといった、誰が語っても同じに思えるものでも、ビジネス界の第一線で活躍する人の語る言葉には、独特の迫力があります。そんな、「**現場を知る人が本音で語る**」知識を、ビジネスのあらゆる分野においてご提供していきたいと思っております。

本シリーズのシンボルマークは、理屈よりも実用性を重んじた古代ローマ人のイメージです。彼らが残した知識のように、本書の内容が永きにわたって皆様のビジネスのお役に立ち続けることを願っております。

二〇〇六年四月

ＰＨＰ研究所